だれのための保育制度改革

無償化・待機児童解消の真実

中山 徹 著
Nakayama Toru

自治体研究社

はじめに

　2015年4月から子ども・子育て支援新制度が始まりました。その後、幼児教育無償化が検討され、新制度の下での待機児童解消も進んでいます。さらに人口減少、財政悪化を背景とした保育所、幼稚園の統廃合も新たな段階に入っています。

　保育所、幼稚園をめぐる状況は刻々と変わっています。しかもその変化を引き起こしている原動力は一つではなく複数です。本書では、このようなさまざまな動きを一つずつとらえ、かつ輻輳した動きの全体を俯瞰しました。

　1章では、そもそも新制度とは何であったのか、その新制度で就学前の子どもをめぐる状況がどう変わったのかをみています。保育所の中だけをみていますと新制度導入後もあまり変わっていないように思いがちです。しかし新制度導入後のわずか4年間で、保育所の就学前施設、事業に対する割合は12%以上低下し、保育所の位置づけが大きく低下しています。残念ながらこのように状況はあまり知られていません。1章では新制度がもたらしたこのような変化を全体的にとらえています。同時に関係者の粘り強い反対運動等により、新制度は政府の思惑通り進みませんでした。そのため政府になり代わって、新制度で実現できなかった課題を考えてみました。そうすることで政府が引き続き進めようとしている制度改革の方向性が予測できます。

　2章では、幼児教育無償化が保育所や幼稚園にどのような影響を与えるかをみています。無償化は一億総活躍プランに端を発しています。つまり無償化は、人手不足に対応するためお母さんの就業率を引き上げるための施策です。無償化を考える場合、ここを理解するかどうかが重要です。無償化は本書でも書きましたがさまざまな問題がありま

す。その最大の問題は、消費税率の引き上げに財源を頼っている点です。このような仕組みを認めると、保育環境の抜本的な改善、保育士の処遇改善などを進めるためには消費税を引き上げ続けなければなりません。この点だけみても今回の無償化には反対すべきです。

　3章では、公立幼稚園、公立保育所の民営化、統廃合が新たな段階に入っていることをみています。この原動力になっているのは公共施設等総合管理計画です。公共施設等総合管理計画は99％以上の自治体が策定済みです。以前から公立保育所、公立幼稚園の民営化、統廃合は取り組まれていましたが、公共施設等総合管理計画が動き出したことで、民営化、統廃合が新たな段階に入ろうとしています。その状況をとらえつつ、そのような動きに対してどのように対抗すべきかを考えました。

　4章では、待機児童対策がなぜ進まないのか、反対に待機児童対策を進めることで何が変わっているのかをみています。待機児童対策の中心は0歳〜2歳児です。政府はこの定員拡大を小規模保育事業、企業主導型保育事業で進めています。しかしこれらは企業ベースで進められるため、利用者のニーズと合致せず、待機児童がいるにもかかわらず、定員充足率が下がっています。一方、待機児童対策を進めることで保育の産業化が急速に進んでいます。このような状況を踏まえつつ、0歳〜2歳児の待機児童解消をどのように進めるべきかを考えました。

　5章では、保育制度改革の全体を俯瞰しつつ保育のあり方を考えました。保育所、幼稚園を変える制度政策は、新制度、無償化、公共施設等総合管理計画、待機児童対策の四つです。また保育制度改革が目指しているのは、市町村の役割縮小、保育の産業化、女性の就業率引き上げ、消費税による財源確保の四つです。これらがどのように関係しあっているかを描きました。また、これらを進めることで、1章で

説明した新制度で未解決な課題を解決しようとしています。

　新制度に替わる制度を展望する場合、重要な点が三つあります。一つ目は、小学校区単位での施設整備、利用調整、連携を市町村の責任で行うことです。二つ目は、保育者には全員保育士資格を義務づけることと、ばらばらな基準を保育所、幼稚園にそろえることです。三つ目は、消費税以外で財源を確保し、子どもの視点に立って施策の優先順位を決めることです。これらの内容について最後に検討しました。

だれのための保育制度改革
無償化・待機児童解消の真実

［目次］

はじめに　*3*

1章　子ども・子育て支援新制度でもたらされた 『再編』と今後の予測 ……………………………………… *11*

1　新制度の発端　*11*

2　新制度の概要　*13*

3　新制度でどう変わったのか　*16*

4　新制度の評価　*20*

5　新制度で残された課題と今後の予測　*26*

2章　就業率向上対策としての幼児教育無償化が保育所、 幼稚園に与える影響 ……………………………………… *31*

1　幼児教育無償化の狙い　*31*

2　幼児教育無償化の概要と論点　*39*

3　幼児教育無償化が幼稚園、保育所に与える影響　*43*

4　無償化は民営化の理由にはならない　*47*

5　今回の無償化は撤回すべき　*52*

6　幼児教育無償化までに市町村が考えること　*53*

3章　地方行革による公立保育所、公立幼稚園の 民営化・統廃合 ……………………………………………… *59*

1　公共施設等総合管理計画の内容と問題点　*59*

2　公立保育所民営化、廃止計画の新たな展開　*64*

3　従来の民営化、統廃合計画とどう異なるのか　*69*

4　人口減少を口実とした公共施設削減にどう対応すべきか　*73*

5　財政予測を口実とした公共施設削減にどう対応すべきか　*77*

6　自治体戦略 2040 による新たな展開　*80*

目次　9

**4章　政府の待機児童対策がもたらす問題と
　　　　待機児童解消のあり方** ……………………………………… 83

　1　待機児童の全国的状況　*83*

　2　政府が進める待機児童対策の問題点　*89*

　3　待機児童対策のあり方　*96*

5章　どのような保育を展望すべきか ……………………………… 105

　1　政府、自治体が進める保育制度「改革」の全体像　*105*

　2　地域単位で子どもの発達を保障するイメージ　*110*

　3　保育士資格要件の必修化と基準の統一　*113*

　4　消費税以外での財源確保と子どもの視点に立った
　　　施策の優先順位　*115*

　5　認定こども園のあり方　*120*

　6　職員、保護者の自主性を尊重　*123*

　7　女性の就労と育児を両立させる視点　*124*

おわりに　*127*

1 章

子ども・子育て支援新制度でもたらされた 『再編』と今後の予測

　保育所、幼稚園を大きく変える一つ目の制度政策は、2015 年 4 月からスタートした子ども・子育て支援新制度（以下「新制度」と略す）です。そもそも新制度がなぜ取り組まれたのか、その結果、就学前施設・事業を巡る状況がどのように変化したのかを本章でみます。そして、政府の視点からみた場合、新制度で解決できなかった課題は何かを考えます。

1　新制度の発端

新制度は経済対策としてスタート

　新制度の議論は、保育所をどう増やすのか、学童保育をどう充実させるのかという視点から始めたのではなく、経済対策の一環としてスタートしました。なぜ保育制度の改革が経済対策として位置づけられたのでしょうか。2009 年、民主党政権の時代「明日の安心と成長のための緊急経済対策」が決められました。当時、日本経済は深刻な状態にあり、民主党は規制緩和を通じて新たな産業分野の形成を進め、それを通じた経済の活性化、雇用の拡大を目指しました。いくつかの分野が具体的に掲げられましたが、その中に保育所、幼稚園が入りました。

　不況にもかかわらず保護者は子育てに一定のお金を使っています。服やおもちゃ、ピアノ教室、スイミングスクール、塾などはすでに企

業が収益の対象にしています。しかし、保育所や幼稚園、学童保育は公的な制度に基づいて運営されており、保護者がそれらにお金を使っても企業の収益にはつながりません。企業収益につながれば、参入意欲が刺激されます。企業からは公的な仕組みを改め、保育所や幼稚園、学童保育をサービス業として位置づけるように再三要望が出されていました。

民主党政権は保育所や幼稚園、学童保育をサービス業に変え、収益を上げやすくすれば、事業者の参入が増える。事業者が増えれば競争原理が働き、利用者のニーズに合ったサービスが提供される。さまざまなサービスが展開されると、利用者が増え、動くお金も大きくなり、それが事業者の参入をさらに促す。事業者が増えれば雇用も増える。このような循環を作り出すために、保育制度の改革を景気対策として位置づけました。

縦割り行政の弊害解消

当時、民主党政権が力を入れたのは非効率な行政組織の改善で、その一つが縦割り行政でした。幼稚園、保育所とも修学前の子どもが通う施設です。ところが幼稚園は学校教育施設で文部科学省所管、保育所は児童福祉施設で厚生労働省所管、そのような縦割りになっているため、幼稚園は過剰、保育所は不足ということが生じている。縦割り行政をなくし、幼稚園と保育所の区分をなくせば、莫大な予算を使わずに保育所不足が解決に向かう。それを妨げているのが縦割り行政だとしました。この縦割り行政を打開するために新たな仕組みが必要だと宣伝されました。

新制度の財源は消費税

新制度は参入者を増やし、利用者を増やすところに大きな目的があ

ります。ところが塾やスイミングスクールとは異なり、保育所や幼稚園を増やしますと、行政の財政負担も増えます。新制度の実施で新たに一兆円の財源が必要と政府は試算しました。最後までもつれたのが、新制度で新たに必要となる財源をどうするかということでした。

新制度の議論が始まったころ、新たに必要となる財源は社会全体で負担すべきだと議論されていました。しかし、それに反対したのは経済界です。不況が続く中でなぜ企業が新たな財源を負担しなければならないのかというわけです。結局、三党合意（自民党、公明党、民主党の合意、2012年6月）によって、新制度で新たに必要となる財源は消費税率の引き上げという形で国民が負担することになりました。

新制度の入口は経済対策で、出口は消費税率の引き上げです。入口、出口とも保育や幼児教育ではありません。この入口と出口に新制度の本質が端的に現れています。

2　新制度の概要

三種類に整理

新制度では施設型給付、地域型保育給付、地域子ども・子育て支援事業の三つに大きく区分し、さまざまな施設・事業をその三つに集約しました（表1-1）。

施設型給付に入るのは、幼稚園、保育所、認定こども園です。保育所と認定こども園はすべて新制度に集約されていますが、幼稚園が新制度に入るかどうかは設置者の判断に任されています。そのため新制度に入っていない従来のままの幼稚園（以下「新制度外幼稚園」と略す）。また新制度に入った幼稚園（以下「新制度内幼稚園」と略す）も存在します。認定こども園は保育所と幼稚園を一体化させた施設で、幼保連携型、幼稚園型、保育所型、地方裁量型があります。幼保連携

14

表1-1　子ども・子育て支援新制度の全体

	施設・事業名	施設・事業認可	受け入れ	位置づけ	資格	企業設置
施設型給付	保育所	県、指定、中核	2, 3号	1項	必要	可
	幼稚園	都道府県	1号	—	必要	
	認定こども園　幼保連携型	県、指定、中核	1, 2, 3号	2項	必要	
	幼稚園型	都道府県	〃	〃	〃	
	保育所型	県、指定、中核	〃	〃	〃	可
	地方裁量型	〃	〃	〃	〃	可
地域型保育給付	家庭的保育事業	市町村	3号	2項		可
	小規模保育事業　A型	市町村	3号	2項	必要	可
	B型	〃	〃	〃	〃	可
	C型	〃	〃	〃	〃	可
	居宅訪問型保育事業	市町村	3号	2項		可
	事業所内保育事業	市町村	2, 3号	2項		可

注：施設・事業認可：県、指定、中核は都道府県、指定都市、中核市のこと。
　　位置づけ：児童福祉法第24条第1項、2項のどちらに位置づけられているか。
　　資格：保育に従事するものに幼稚園教諭、保育士、保育教諭の資格が必ず必要かどうか。
　　企業設置：企業が施設、事業を設置、運営できるかどうか。
出所：筆者作成。

型は幼稚園と保育所双方の基準を満たしたもの、幼稚園型は幼稚園の基準を満たしたもの、保育所型は保育所の基準を満たしたもの、地方裁量型はどちらの基準も満たしていないものです。

　地域型保育給付には家庭的保育事業、小規模保育事業、居宅訪問型保育事業、事業所内保育事業があります。前三者は原則として0歳から2歳の子どもを対象としたもので、小規模保育事業の定員は6人以上19人以下、家庭的保育事業は5人以下です。小規模保育事業には、A型、B型、C型の三種類あり、A型は保育所の基準に近く、C型は家庭的保育事業の基準に近く、B型はその中間です。居宅訪問型保育事業は障害等により集団保育が困難な子どもを対象とするもので、子どもの居宅で保育します。事業所内保育事業は自社で働く従業員の子どもを主として預かる事業ですが、定員の半数以下であれば、従業員

の子ども以外を預かってもかまいません。

　地域子ども・子育て支援事業には、延長保育事業、病児保育事業、一時預かり事業、子育て援助活動支援事業（ファミリー・サポート・センター事業）、放課後児童クラブ（学童保育）等、13事業が含まれています。

子どもの認定区分

　従来も保育所を利用する場合、市町村が保育を必要とするかどうかを判断し、保育を必要とすると判断されたら、保育所を利用していました。ただしその判断基準は市町村に委ねられていました。新制度の下では、1号認定（3歳〜5歳の子どもで2号認定以外）、2号認定（3歳〜5歳で保育を必要とする子ども）、3号認定（0歳〜2歳で保育を必要とする子ども）を全国的な基準に基づいて認定し、認定を受けた子どもが新制度の各施設、事業を利用するようにしました。

給付の一元化

　従来、幼稚園は文部科学省の予算、保育所は厚生労働省の予算、認定こども園は文部科学省と厚生労働省の予算と複雑でした。新制度では幼稚園、保育所、認定こども園は施設型給付、地域型保育事業は地域型保育給付にまとめられました。

　新制度の給付は子どもの認定と関係しています。新制度外幼稚園の収入は、利用者から徴収する保育料と、行政から払われる補助金の二つです。もし保育料だけで施設を運営しようとしたら保育料が高くなりすぎ、幼稚園を利用できなくなるため、補助金が払われています。新制度外幼稚園の場合、補助金と保育料、二つの収入があります。

　一方、新制度内幼稚園の収入も、利用者から徴収する保育料と行政から給付される施設型給付の二つにみえます。しかし、新制度は施設

運営に必要な経費はすべて保育料でまかなうという考えです。ところが、新制度外幼稚園と同じで保育料をすべて保護者負担にすると保育料が高くなりすぎて、利用できなくなります。そこで保護者の収入に応じて行政が保育料の補助（個人給付）を行います。新制度外幼稚園には補助金を支払いますが、新制度内幼稚園には幼稚園に対する補助金の代わりに、保護者に保育料の補助を行うわけです。お金の流れは、行政から認定を受けた家庭に、所得に応じて保育料の補填を行い、各家庭がそれに自己負担分を足して、施設に保育料を支払うというのが基本です。ただし、いったん家庭に個人給付すると、家庭によってはそのお金を別のものに使ってしまうことが考えられるため、個人給付分は家庭に渡さず、直接施設に渡すようにしています。これを法定代理受領といい、このお金が施設型給付のことです。一見するとお金の流れが二つにみえますが、新制度では施設に対する補助金はなくなり、保育料に一元化されています。

　新制度外幼稚園に行政から支払われるのは補助金です。一方、新制度内幼稚園に行政から支払われる施設型給付は、利用者に支払われる保育料の一部です。新制度を利用する子どもを全国一律の基準で認定し、認定された子どもの保護者に保育料の一部を補助し、施設の運営費をすべて保育料に一元化したといえます。

3　新制度でどう変わったのか

保育所・幼稚園は減少、認定こども園・地域型保育事業は増加

　幼稚園、保育所、認定こども園、地域型保育事業について、新制度導入前後で施設数、事業数がどう変化したかをみたのが**表1-2**です。厚生労働省、文部科学省の数値では、保育所型認定こども園は保育所に含まれ、幼稚園型認定こども園は幼稚園に含まれますが、ここでは

1章　子ども・子育て支援新制度でもたらされた『再編』と今後の予測　*17*

表1-2　保育所、幼稚園、認定こども園等の箇所数

（上段：箇所数、下段：割合％）

	2010	2011	2012	2013	2014	2015	2016	2017	2018
保育所	22,742	22,879	23,289	23,289	23,516	23,205	22,973	22,818	22,904
	62.7	63.0	63.6	63.8	64.2	58.1	55.4	53.2	51.6
幼稚園	12,971	12,668	12,411	12,132	11,775	11,150	10,570	10,070	9,508
	35.8	34.9	33.9	33.2	32.1	27.9	25.5	23.5	21.4
認定こども園	532	762	911	1,099	1,359	2,836	4,001	5,081	6,160
	1.5	2.1	2.5	3.0	3.7	7.1	9.7	11.9	13.9
地域型保育事業	0	0	0	0	0	2,737	3,879	4,893	5,814
	0.0	0.0	0.0	0.0	0.0	6.9	9.4	11.4	13.1
計	36,245	36,309	36,611	36,520	36,650	39,928	41,423	42,862	44,386
	100.0	100.0	100.0	100.0	100.0	100.0	100.0	100.0	100.0

注：幼稚園は5月1日時点、それ以外は4月1日時点。認定こども園は保育所、幼稚園に含まれ
　　ない。
出所：文部科学省「学校基本調査」、厚生労働省「保育所等関連状況とりまとめ」、内閣府「認定
　　こども園に関する状況について」から筆者作成。

認定こども園は幼稚園、保育所に含めていません。新制度に変わった
のは2015年4月からです。2014年の全施設・事業は3万6650箇所、
2018年は4万4386箇所となり、かなり増えています。新制度以前は
年間100箇所程度しか増えていないため、新制度以降、急増したと言
えます。

　次に施設、事業ごとにみます。2010年から2014年にかけて、保育
所と認定こども園は増え続け、幼稚園は減り続けています。新制度に
なった2015年以降、認定こども園はそれまでと同じように増え続け、
幼稚園は減り続けていますが、保育所は2015年から減少に転じていま
す。また、新制度の下で地域型保育事業が始まっています。

　割合をみますと、2014年では総数に対して保育所64.2％、幼稚園
32.1％、認定こども園3.7％でした。それが2018年では、保育所51.6
％、幼稚園21.4％、認定こども園13.9％、地域型保育事業13.1％とな
っています。新制度導入後、保育所と幼稚園で25％程度減らし、認定

18

表1−3　保育所、幼稚園等の増減数

	2010→11	2011→12	2012→13	2013→14	2014→15	2015→16
保育所	137	410	0	227	-311	-232
幼稚園	-303	-257	-279	-357	-625	-580
認定こども園	230	149	188	260	1,477	1,165
地域型保育事業	0	0	0	0	2,737	1,142
計	64	302	-91	130	3,278	1,495

注、出所は表1−2と同じ。

こども園と地域型保育事業で25％程度増やしています。地域型保育事業は規模が小さいため数だけでは判断できませんが、それでもわずか4年間で、大きく変化していると言っていいでしょう。

　施設、事業の増減数をみたのが**表1−3**です。保育所と幼稚園を合計しますと、新制度導入前の4年間で422箇所減っていましたが、新制度導入後は4年間で2879箇所も減っています。反対に認定こども園は新制度導入前の4年間で827箇所の増加でしたが、新制度導入後は4年間で4801箇所も増えています。また地域型保育事業は新制度導入後の4年間で5814箇所できています。新制度後の4年間で7736箇所の施設、事業が増えましたが、保育所と幼稚園は2879箇所減り、認定こども園と地域型保育事業が1万615箇所増えたことになります。

　さらに2016年度から企業主導型保育事業がスタートしています。まだ3年しかたっていませんが、2018年3月時点で企業主導型保育事業は2597施設あります。

事業主体は公立から私立へ、小規模な事業は企業中心

　公立保育所と公立幼稚園の比率をみたのが**表1−4**です。2010年、公立保育所の割合は45.6％（認定こども園を含む）、公立幼稚園の割合は38.1％（認定こども園を含む）でした。公立保育所の割合は年々低下し、新制度後もその傾向が続き、2017年では34.5％（認定こども園を

| | （単位：施設数） |
2016→17	2017→18	2010→14	2014→18
-155	86	774	-612
-500	-562	-1,196	-2,267
1,080	1,079	827	4,801
1,014	921	0	5,814
1,439	1,524	341	7,736

含まない）まで低下していま
す。公立幼稚園ですが、施設
数は年々減っていますが、割
合はほとんど変わっていませ
ん。公立幼稚園は減っていま
すが、同じように私立幼稚園
も減っているからです。

　2016 年から 2018 年時点での各施設、事業の事業主体をみたのが**表
1−5** です。保育所と幼稚園は公立の割合が以前よりは低下したとはい
え 34.5％、38.6％ です。それに対して新制度後、急増している認定こ
ども園は公立の割合が 16.3％、地域型保育事業の公立の割合は 4.9％
です。とくに地域型保育事業では企業の割合が 30.7％ と高くなってい
ます。2016 年度からスタートした企業主導型保育事業は、一部に学校
法人が含まれますが、ほぼすべて企業が設置、運営しています。

　また行政との関係は事業主体の変化にとどまりません。保育所は児
童福祉法第 24 条第 1 項に位置づけられる施設ですが、認定こども園、
地域型保育事業は第 2 項に位置づけられており、法的には行政の関与

表 1−4　公立幼稚園、公立保育所の割合

（単位：％）

	2010	2011	2012	2013	2014	2015	2016	2017	2018
公立幼稚園	38.1	37.8	37.4	36.9	36.5	38.6	38.7	38.8	38.6
公立保育所	45.6	43.6	41.3	39.6	38.0	36.7	35.6	34.5	

注：幼稚園は 5 月 1 日時点、保育所は 10 月 1 日時点、（認定こども園は 4 月 1
　　日時点）。三施設の基準月が異なるため、実際の施設数とは異なる。
　　2014 年以前：幼保連携型認定こども園、幼稚園型認定こども園は幼稚園に
　　　　含まれる。
　　2014 年以前：幼保連携型認定こども園、保育所型認定こども園は保育所に
　　　　含まれる。
　　2015 年以降：認定こども園は幼稚園、保育所の双方に含まれない。
出所：文部科学省「学校基本調査」、厚生労働省「社会福祉施設等調査」、内閣
　　　府「認定こども園に関する状況について」から筆者作成。

表 1 - 5　事業主体

（上段：施設数等、下段：割合％）

	公　立	私　立	うち企業	その他	計
保育所	7,909	15,013	1,660	5	22,927
	34.5	65.5	7.2	0.0	100.0
幼稚園	3,668	5,791	0	49	9,508
	38.6	60.9	0.0	0.5	100.0
認定こども園	1,006	5,154	71	0	6,160
	16.3	83.7	1.2	0.0	100.0
地域型保育事業	183	3,536	1,140	0	3,719
	4.9	95.1	30.7	0.0	100.0
計	12,766	29,494	2,871	54	42,314
	30.2	69.7	6.8	0.1	100.0

注：幼稚園は2018年5月1日時点、保育所は2017年10月1日時点、認定こど
　　も園は2018年4月1日時点、地域型保育事業は2016年4月1日時点。
　　三施設の基準月が異なるため、実際の施設数とは異なる。認定こども園は保
　　育所、幼稚園に含まれない。
　　企業の数は私立の内数、企業の割合は全体（計）に対する割合。
出所：文部科学省「学校基本調査」、厚生労働省「社会福祉施設等調査」「地域型
　　　保育事業の件数について」、内閣府「認定こども園に関する状況について」
　　　から筆者作成。

が少ないといえます。この点は後で詳しくみます。事業主体が公立か
ら民間にシフトしていると同時に、行政の関わりが少ない施設、事業
にシフトしているといえます。

4　新制度の評価

民間への開放、財源確保

　さて、政府からみた場合、新制度はどのように評価できるでしょう
か。表1-6ですが、政府からみて、ほぼ計画通りの改革になったもの
には○、ほぼ挫折したものには×、中間には△を付けています。

　先に書きましたが、新制度の入り口は経済対策、出口は消費税でし

1章　子ども・子育て支援新制度でもたらされた『再編』と今後の予測　　*21*

表1-6　新制度の達成状況

（○：おおむね達成、×：あまり進まず、△：中間）

	達成度	理　由
民間への開放、財源の確保		
・民間への開放	△	０歳～２歳で規制緩和と企業参入が進む 幼稚園には企業参入が認められず
・財源の確保	○	消費税率の引き上げで確保
新制度への包括		
・制度的一元化	○	一本化はできなかったが包括された
・認定の一元化	○	全国一律の認定
・給付の一元化	○	施設、事業に関係なく包括された
行政の役割		
・国、都道府県、市町村の関係	○	各行政の役割が整理できた
・保育の実施責任	△	第24条第１項と２項が並存
・公立施設の位置づけと割合	×	減少しているが以前とほぼ同じペース
施設、事業の変化		
・幼稚園	×	私立幼稚園が新制度に入っていない 認定こども園化が不十分
・保育所	×	認定こども園化が不十分
・認定こども園	○	施設数が増加
・地域型保育事業	○	事業数が増加

出所：筆者作成。

　た。そこでまず、民間への開放がどの程度進んだかをみます。０歳～２歳では保育士の資格がなくても保育に携わることができるように大きな規制緩和を行いました。従来も認可外保育施設では保育士の資格がなくても保育に関わっていました。また、自治体が独自に進める施設、事業では、保育士資格なしでも保育に関わっていました。ただし、これも政府の区分では認可外保育施設に該当し、国費は投入されていませんでした。一方、国費が投入される保育所、認定こども園では、保育士資格が必修でした。ところが新制度では、地域型保育事業にも国費が投入されますが、保育士資格がなくても保育に関われるように規制を緩和しました。これはきわめて大きな緩和だといえます。つまり、

保育士という国家資格がなくても保育に関われるようにしたわけで、0歳〜2歳の保育については、専門性が一気に低下し、企業参入のハードルが大きく下げられたといえます。

それに対して、幼稚園関係者の反対によって学校教育施設である幼稚園には企業の参入が認められませんでした。その結果、幼稚園以外に幼保連携型認定こども園、幼稚園型認定こども園も企業参入が認められていません。

新制度では0歳〜2歳については大幅な規制緩和と企業参入が進んだといえます。一方、3歳以上については大きな規制緩和は行われず、幼稚園（幼保連携型認定こども園、幼稚園型認定こども園を含む）は企業参入が認められず、全体として企業参入もそれほど進んでいません。そこで「民間への開放」には△を付けました。

新たな制度を作る場合、重要なのは財源です。しかし新制度の場合、先に書いたように新たに必要となる財源は消費税率の引き上げで対応すると決められていました。2章で取り上げる幼児教育無償化の財源も消費税率の引き上げで確保する予定です。政府からみますと、道路整備費や自衛隊費を削減して幼児教育無償化の財源を確保するのではなく、国民が支払う消費税の引き上げで財源を確保できるため、財源という点では満点といえるでしょう。

新制度への包括

新制度は、幼稚園、保育所など、従来は制度上の位置づけがばらばらであった施設等を、一つの制度にまとめることが目的でした。新制度を所管しているのは内閣府であり、就学前施設、事業を内閣府で一体的に所管できたといえます。当初は幼稚園、保育所、認定こども園などをすべてこども園に一元化する予定でしたが、結果的には幼稚園、保育所、認定こども園はそのまま残し、それらを新しい制度で括り直

したという感じになりました。たとえば保育所は従来と同じように、児童福祉施設で厚生労働省所管ですが、新制度にも位置づけられたということです。一元化は実現せず不十分のようにみえますが、各種施設、事業を新制度で括ったという意味では、当初の目的が制度的にはほぼ達成できたと判断できます。

　子どもの認定ですが、これは先にみたように、全国的な一元化が実現されました。

　予算ですが従来、公立施設は保育所、幼稚園、認定こども園とも一般財源でした。そして、私立幼稚園は文部科学省の予算、私立保育所は厚生労働省の予算でした。認定こども園は複雑で、保育所部分は厚生労働省、幼稚園部門は文部科学省の予算でした。新制度では、公立施設は一般財源のままで変化ありません。私立については保育所、新制度内幼稚園、認定こども園、地域型保育事業とも内閣府に一元化しました。公立施設とそれ以外を分けていることについては後でみますが、公立以外の施設、事業はすべて内閣府に一元化され、先にみたように従来のような施設に対する補助金から保護者に対する保育料の補填に変えたという点で、当初の意図はほぼ達成できたと考えられます。

行政の役割

　新制度では、国、都道府県、市町村の役割を整理しました。国は制度を構築し、資格を決め、教育・保育要領等を定め、経費を支給し、保育料徴収額の上限、最低基準の目安を決めます。それに基づいて都道府県が最低基準を決め、施設を認可します。さらに、市町村が実際に徴収する保育料を決め、運営に関する基準を定め、新制度を運営することになりました。地域型保育事業については、最低基準の決定、認可とも市町村が行います。この三者の役割分担は新制度で決められ、概ね整理できたといえます。

また、新制度では市町村の保育実施責任を変えました。新制度以前の児童福祉法では、市町村に保育実施責任が課せられていました（第24条）。そのため、保育を実施するのは市町村であり、市町村だけで必要な保育が確保できない場合は、民間に委託します。民間を利用する場合であっても、市町村に入所の申し込みを行い、市町村と契約を交わし、市町村に保育料を支払います。新制度以前、市町村は制度を運営するだけでなく、保育の実施にも責任を持っていました。

新制度では、保育所については市町村の保育実施責任はなくさず、従来通り児童福祉法第24条第1項に位置づけられました。条文では「市町村は、……(略)……保育を必要とする……(略)……児童を保育所において保育しなければならない」となっています。

一方、認定こども園、地域型保育事業を対象とした第24条第2項が加えられました。そこでは「市町村は、……(略)……必要な保育を確保するための措置を講じなければならない」となっています。前者では「市町村は……保育を実施しなければならない」ということが明確に書かれています。それに対して後者では市町村の役割が、保育を実施することから、保育を実施する事業者の確保に大きく変わり、直接、保育を実施する責任がなくなりました。そのため原則として、認定こども園、地域型保育事業については、入所の申し込み、契約、保育料の支払いなどは利用者と施設が行政を介さず、直接行う直接契約制になります。

政府は保育所も含めて直接契約制に変える予定でした。幼稚園はもともと直接契約であるため、児童福祉法上のすべての施設、事業を児童福祉法第24条第2項に位置づけることができれば、就学前の施設、事業がすべて直接契約となり、行政の実施責任がなくなるはずでした。ところが、保育関係者の反対が強く、保育所については第1項に位置づけざるを得ませんでした。そのため、新制度では行政の実施責任が

1章　子ども・子育て支援新制度でもたらされた『再編』と今後の予測　　25

残る第1項と実施責任がなくなった第2項が並存しています。そのため、市町村の保育実施責任については△をつけています。

　新制度とともに政府は公立施設を一気に減らす予定でした。先にみたように、公立施設は減少していますが、新制度以前と比べて減少のスピードが早まったわけではありません。そのためこの点については×をつけています。公立施設が一気に減らない理由は、新制度には公立施設を減らす仕組みがないからです。公立施設を減らすためには財政的誘導が効果的ですが、同じ新制度に位置づけられる施設を、公立と私立で差別するのは制度的に問題です。そのため、新制度には公立施設を減らすような仕組みは存在していません。

施設、事業の変化

　政府からみると制度面では一定の評価ができますが、実際の変化ではいくつかの問題が残されました。保育所、認定こども園は施設の意向に関係なくすべて新制度に含めました。新たに始まった地域型保育事業も新制度に含まれます。ところが幼稚園は、新制度に移行するか、従来のまま新制度外にとどまるかを施設ごとで判断できるようにしました。その結果、2015年4月の新制度スタート時点では、私立幼稚園のうち、新制度に移行した新制度内幼稚園は23.2%にとどまりました。その後、移行する幼稚園が徐々に増えていますが、2017年で移行した新制度内幼稚園は36.4%です。新制度に入らない幼稚園を制度上認めたため、そしておそらく想定以上にその幼稚園が多かったため、すべての就学前施設が新制度に包括されておらず、実態としては不十分な状態にあります。

　また、認定こども園は増えていますが、幼稚園、保育所からの認定こども園化は一気に進んでいるわけではなく、これも想定外だったと思います。

一方、地域型保育事業は急増しており、認定こども園もそれなりに増えているため、これについてはほぼ想定通りの変化をたどっているといえるでしょう。

5　新制度で残された課題と今後の予測

残された課題への対応

　さて政府の新制度に対する評価を以上のように考えますと、政府がこれから進めようとする「改革」についてある程度、予測できます。まず一つ目は、私立幼稚園の扱いです。先にみましたが私立幼稚園のうち新制度に入ったのは半数以下です。この半数以上の新制度外幼稚園をどのように新制度に誘導するかということです。強制的な移行ではなく、法人自身が進んで、もしくはやむなく移行するような仕掛けが必要です。二つ目は、公立施設の扱いです。公立幼稚園、公立保育所をどのようにして統廃合するかもしくは民営化するかということです。これも強制的にではなく、公立施設を減らそうと考えている自治体を実質的に支援するような仕掛けです。三つ目は、待機児童の解消です。新制度を進めることで待機児童の解消を図る予定でしたが、定員は増えたものの、相変わらず待機児童が発生しています。しかも2章でみますが労働力不足が深刻となり、労働力確保という点から待機児童の解消が急がれています。

児童福祉法第24条第1項と第2項の扱い

　先に書いた三つは現行の新制度で対応できるものです。それに対して、制度をさらに変えなければならない課題もあります。一つ目は児童福祉法第24条第1項と第2項が併存している点です。児童福祉法第24条第3項では、保育の需要を満たすだけの定員が確保されていない

1章　子ども・子育て支援新制度でもたらされた『再編』と今後の予測　*27*

場合、直接契約の施設であっても市町村が「利用についての調整を行う」としています。そのため、待機児童が解消されていない現時点では、認定こども園や地域型保育事業であっても事業者に直接入所申請を行うのではなく、市町村に入所申請を行います。今後、待機児童の解消が進み、定員が利用希望者を安定的に上回るようになれば、認定こども園や地域型保育事業については、市町村による利用調整は不要になり、完全な直接契約に移行します。

　このような段階になりますと第24条第1項と第2項の扱いが再燃すると思われます。政府は第2項に収斂させようと考えていますが、第1項を制度的に廃止する方法と、大半の保育所を認定こども園に変えることで第2項に移し替え、第1項を例外的扱いにする方法があります。後者の場合は制度を変える必要がないため、進めやすいかもしれません。無理やり保育所を認定こども園にさせるのではなく、そうせざるを得ないような状態を作り出すでしょう。たとえば、2項施設（直接契約施設）は秋ごろから入所申請を受け付けるようにします。そして2項施設の入所が決まったのち、1項施設の入所希望を市町村で受け付けるようにします。待機児童が解消すると子どもの取り合いになるため、このような時間差を設けると私立保育所は認定こども園に替わらざるを得なくなります。

　保育を必要とする子どもの大半が2項施設に通う状況になりますと、1項を廃止しなくても、実質的には2項で動くため、1項をそのまま残しても大きな問題にはなりません。

0歳〜2歳児と3歳〜5歳児の峻別

　もともと幼児教育と保育の区分は3歳児以上で議論されていました。前者が幼稚園、後者が保育所です。しかし新制度では、0歳〜2歳と3歳〜5歳で、前者を保育、後者を幼児教育と区分する傾向が強まって

います。

　3歳～5歳をみますと、認定こども園は1号、2号双方の子どもを受け入れていますが、幼稚園は1号、保育所は2号です。しかし幼児教育無償化後は、幼稚園も実質的に2号の子どもを受け入れるようになります。3歳以上で幼児教育、保育を区分している場合、前者に対応する資格は教員免許で、後者は保育士です。しかし新制度で設けられた幼保連携型認定こども園の場合、教員免許、保育士資格の両方を持つ職員でなければならず、その職員を新たに保育教諭としました。

　新制度で規制緩和が大幅に進んだのは、先にみたように0歳～2歳です。0歳～2歳については保育士資格がなくても保育に従事できます。また、企業参入もかなり進んでいます。それに対して3歳～5歳は規制緩和を進めていません。3歳～5歳の子どもは幼稚園、保育所、認定こども園に通いますが、それら施設の許認可は基本的には都道府県です。それに対して、0歳～2歳の子どもを担当する地域型保育事業の許認可は市町村です。

　2章でみる無償化も3歳以上は保護者の所得に関係なくすべてが対象ですが、0歳～2歳については非課税世帯のみが対象です。前者ですべてを無償とするのは教育という位置づけが強いためであり、後者で非課税世帯のみ無償とするのは福祉という位置づけが強いためです。3歳～5歳で幼児教育と保育を区分するのであれば、1号認定に相当する1日4時間が無償となり、2号認定の子どもの場合、4時間を越える時間について、非課税世帯のみ無償になるはずです。

　3歳以上で幼児教育と保育を区分しなくなったのは、女性の就業率の向上が背景にあります。女性の就業率については2章でみますが、政府として人手不足に対応するため、女性の就業率を80％まで上げるとしています（25歳～44歳、2016年度は73％）。このような状況になりますと1号認定の子どもはさらに減少し、3歳児以上の子どもで幼児

教育と保育を分ける意味がほとんどなくなります。

　今後は、3歳〜5歳児は教育としての位置づけを強くし、規制緩和はあまり進めず、教育的な統制を強める方向に動くと思われます。中心となる施設は認定こども園です。幼稚園の保育所化と言われますが、保育所の幼稚園化が進んでいると考えた方がいいでしょう。0歳〜2歳についてはさらに規制を緩和し、地域型保育事業、企業主導型保育事業を中心に展開させるでしょう。そうすると認定こども園や保育所で取り組まれる0歳〜2歳児の位置づけが難しくなります。これについてはもう少し事態が進まなければわかりませんが、制度改正を伴う大きな変化になるかもしれません。

参考文献

1　子ども・子育て支援新制度については、内閣府のウェブサイト「子ども・子育て支援新制度」、厚生労働省のウェブサイト「保育関係」、文部科学省のウェブサイト「幼児教育の振興」を参照。
2　本章で利用した統計は次の通り。文部科学省「学校基本調査」、厚生労働省「保育所等関連状況とりまとめ」、「社会福祉施設等調査」、内閣府「認定こども園に関する状況について」。
3　将来人口予測については、国立社会保障・人口問題研究所のウェブサイトを参照。
4　企業主導型保育事業については、内閣府のウェブサイトおよび公益財団法人児童育成協会のウェブサイトを参照。

2　章

就業率向上対策としての幼児教育無償化が
保育所、幼稚園に与える影響

　保育所、幼稚園を大きく変える二つ目の制度政策は、女性の就業率を引き上げることです。その中心が2019年10月からスタートする幼児教育無償化（以下「無償化」と略す）です。無償化についてはあまり議論されておらず、とくに保育所や幼稚園にどのような影響を及ぼすかはほとんど考えられていません。今回の無償化を評価する場合、そもそも政府は無償化をなぜ進めようとしているのかを正確にとらえなければなりません。そうすることで無償化の問題点が理解できます。また単に保育料を無料にするだけでなく、そのことによって新制度で残された課題を、さらに進める役割を果たしそうです。その課題というのは、1章で書いた私立幼稚園を新制度に組み込むこと、幼稚園を認定こども園に変えること、公立幼稚園、公立保育所を民営化、統廃合することです。なぜ無償化がそれらの課題とつながっているのかも本章でみます。また、無償化のスタートまで半年を切っており、市町村の対応が必要な場合は急を要します。無償化との関係で市町村は何を考えなければならないのかにも触れます。

1　幼児教育無償化の狙い

労働力不足の深刻化

　後でみますが無償化は人手不足と密接に関係しています。そこでまず、人手不足についてみます。**図2-1**は有効求人倍率の変化をみたも

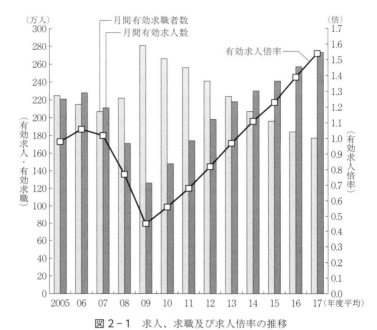

図2−1　求人、求職及び求人倍率の推移
出所：厚生労働省「一般職業紹介状況（平成30年10月分）」から筆者作成。

のです。2008年にリーマンショックがあり、2009年の有効求人倍率は0.45まで下がりましたが、その後は回復し2013年に1.0を超え、2017年は1.54まで上がっています。有効求人数が有効求職者数の1.5倍を意味しており、これが人手不足と言われているものです。

図2−2は企業の雇用判断をみたものです。「雇用過剰」と答えた企業から「雇用不足」と答えた企業を引いた値で、マイナスが大きくなるほど「雇用不足」と答えた企業が多くなります。**図2−2**は中小企業をみたものですが、2013年以降マイナスになり、2018年12月の調査ではマイナス39です。この値は1990年のバブル経済最盛期の値に近く、バブル経済崩壊後の最高値です。大企業の値もマイナス23で、中小企業ほどではありませんが、バブル経済崩壊後、最大の値になって

2章　就業率向上対策としての幼児教育無償化が保育所、幼稚園に与える影響　　33

図2-2　雇用判断（過剰―不足、中小企業）
出所：日本銀行「主要時系列統計データ表」（短観）。

います。大企業から中小企業まで、人手不足が年々ひどくなっています。

　生産年齢人口及び就業者数の変化を見たのが**図2-3**です。生産年齢人口とは15歳以上64歳以下です。2000年の生産年齢人口は8638万人、これが2017年には7596万人まで1042万人減少しています。減少率12.1％です。人口減少と高齢化が進んでいるためです。生産年齢人口は15歳から64歳までの人口であり、この人たちがすべて働いているわけではありません。また、これ以外に65歳以上の人も働いています。しかし、一般的には生産年齢人口と就業者数は密接に関係しています。

　就業者数を見ますと2000年の6446万人から徐々に減り、2012年には6280万人になりました。しかし、2013年以降は反対に増えだし、2017年には6530万人になり、2000年と比べて84万人増えています。

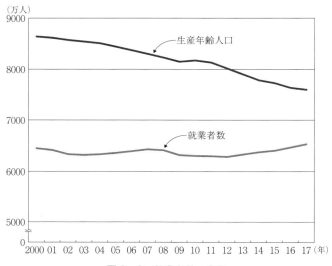

図2-3 就業者数の変化
出所：総務省統計局「労働力調査」、「人口推計」から筆者作成。

人手不足は年々ひどくなっていますが、就業者数はむしろ増えています。

なぜ就業者数が増えたのか

生産年齢人口が減ったにもかかわらず、なぜ就業者数が増えているのでしょうか。表2-1は年齢別の就業者数をみたものです。就業者数

表2-1 年齢別就業者数の変化

	就業者数（万人）			就業率（%）		
	全体(15歳以上)	15歳〜64歳	65歳以上	全体(15歳以上)	15歳〜64歳	65歳以上
2012年	6,280	5,683	596	56.6	70.9	19.5
2017年	6,530	5,724	807	58.8	75.4	23.0
増減	250	41	211	2.2	4.5	3.5

注：1000人以下は四捨五入しているため合計数は合わない。
出所：総務省「労働力調査」から筆者作成。

2章　就業率向上対策としての幼児教育無償化が保育所、幼稚園に与える影響　　*35*

表2-2　男女別就業者数の変化

	就業者数（万人）		
	全体(15歳以上)	男子	女子
2012年	6,280	3,622	2,658
2017年	6,530	3,672	2,859
増　減	250	50	201

注、出所は表2-1と同じ。

表2-3　就業者数の変化

（2012年から2017年、単位：万人）

	男子	女子	増減
15歳～64歳	-69	110	41
65歳以上	118	93	211
増　減	50	201	250

注、出所は表2-1と同じ。

が最も少なかった2012年と2017年を比べたもので、就業者数は250万人増えています。そのうち15歳以上64歳以下は41万人の増、65歳以上は211万人の増で、増加した就業者のうち84%は65歳以上です。

　表2-2は男女別の就業者数の変化をみたものです。増加した就業者250万人のうち、男性は50万人、女性は201万人で、増加した就業者のうち80%は女性です。

　表2-1と**表2-2**をクロスさせたのが**表2-3**です。就業者は2012年から2017年の間に250万人増えています。その内訳をみますと、就業者として最も中核的な15歳～64歳の男性就業者は69万人減少しています。それに対して65歳以上、女性の就業者が321万人増えたため、全体として250万人の増加になったわけです。

今後の予測

　この間、就業者数は増えていますが、それ以上に求人が増え、人手不足が深刻になっています。もし、女性と高齢者の就業者が増えなければ、人手不足はもっと深刻な事態になったと考えられます。またここでは詳しく説明しませんが、2012年から2017年の間に外国人労働者が68万人から128万人に60万人増えています。

　厚生労働省は2040年までの労働力需給の推計を発表しています。以

下はそれに沿って考えます。2017 年の生産年齢人口は 7596 万人、それが 2040 年には 5978 万人まで減ります。1618 万人の減少で、減少率は 21.3％ です。

　2017 年の就業者数は 6530 万人です。この就業者数がどう変化するでしょうか。まず、経済成長が達成できず、2017 年の性・年齢階級別の労働力率が変化しなければ、2040 年の就業者数は 5245 万人になると推計しています。1285 万人の減少、減少率 19.7％ で、生産年齢人口の減少率とほぼ同じです。それに対して、経済成長が進み、女性、高齢者などの労働市場への参加が進めば 2040 年の就業者数は 6024 万人になると推計しています。506 万人の減少で減少率は 7.8％ となり、生産年齢人口の減少率を大幅に下回っています。

　そして報告書では「今後の人口構造の変化を踏まえれば、就業者数の長期的な減少は不可避的に生じると考えられる。こうした中、我が国が 2％ 程度の実質経済成長率を達成するためには、女性、高齢者等をはじめとした労働参加が不可欠であることが改めて示される結果となっている」としています。

女性の就業率向上がポイント

　女性、高齢者などの労働市場への参加が進んだ場合、就業者数は 506 万人の減少ですが、その内訳は男性が 477 万人の減少、女性が 30 万人の減少です。男性の場合、30 歳から 59 歳までの就業率は 2017 年ですでに 90％ を超えており、この年齢層の就業率を上げることは困難です。そのため、人口が減りますと、59 歳以下の就業者数は 677 万人減ります。一方、60 歳以上については人口が増え、就業率も上がることから、就業者数は 200 万人増えます。差し引きして 477 万人の減少です。

　女性の場合、男性と異なり、30 歳から 59 歳までの就業率が 2017 年で 70％ 台です。そのため就業率を上げる余地があり、就業率を 80％

2章　就業率向上対策としての幼児教育無償化が保育所、幼稚園に与える影響　37

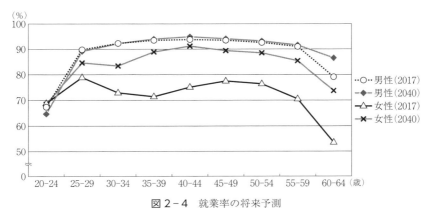

図2-4　就業率の将来予測
出所：「雇用政策研究会報告書（案）」「労働力需給推計関係資料（案）」から筆者作成。

台から90％台まで上げますと、人口が減っても就業者数は297万人の減少にとどまります。一方、60歳以上については人口が増え、就業率も上がることから、就業者数は266万人増えます。差し引き31万人の減少です。

　2017年（実績値）と2040年（推計値）の男女別の就業率を年齢層別にグラフ化したのが図2-4です。男性はグラフがほとんど変わっていません。一方、2017年の女性を見ますと、30代で就業率が下がっています。この年齢は子育て世代ですが、日本の場合、子育て期に仕事から離れる女性が少なからず存在しています。これがM字型と呼ばれるものです。これに対して2040年の推計値を見ますと、M字型がかなり解消されており、40～44歳では男性とほとんど変わらない就業率になっています。

　今後、生産年齢人口の減少が避けられないため、このまま対策を講じなければ、今以上に深刻な人手不足を招きます。それを防ぐポイントが、30代から50代までの女性の就業率をあげること、60歳以上の就業率を上げること、それ以外には外国人労働者を増やすことです。

幼児教育無償化の狙いは女性の就業率を引き上げること

　政府は女性、高齢者等の就業率を上げるため、2016年6月に「ニッポン一億総活躍プラン」を策定しています。このプランは人手不足が「成長の隘路」になるという認識から、「女性も男性も、お年寄りも若者も、一度失敗を経験した方も、障害や難病のある方も」みんな働け、という視点で作られたものです。

　そして2017年12月に「新しい経済政策パッケージ」（以下「パッケージ」と略す）が策定されました。この政策は二つの分野で構成されています。一つは、女性や高齢者の就業率を上げることで、就業者を増やすこと。もう一つは就業者が減っても生産性が下がらないように、IT技術などを活用して生産性を高めることです。

　女性の就業率を上げるための具体的な方策として掲げられたのが、無償化と待機児童の解消です。お母さんが働こうと思っても、保育所に子どもを入れることができなければ、働けません。そのため、待機児童解消が重要なのは簡単にわかります。無償化がなぜ、女性の就業率引き上げにつながるのでしょうか。

　自民党は、幼児教育は重視していましたが、就学前は母親が家庭で子どもを育てるべきと考えていました。その考えですと、無償化する場合でも、幼稚園に相当する4時間分を無料とし、それを越える保育所部分は有料にしたはずです。ところが今回の無償化は、保育所部分も含めすべて無料です。これは、子どもが3歳になったら保育料を無料にするので、お母さんは働きに出なさいということで、従来の自民党の考えを大きく変えたといえます。4時間幼稚園に預けても、11時間保育所に預けても、両方とも無料です。その結果、「保育所に預けても無料ならば、働きに出よう」というお母さんが増えるはずです。

　従来、妻の給与収入が103万円までであれば、夫は38万円の配偶者控除を受けていました。それが2018年1月から夫の年収が900万円以

下であれば、妻の給与収入が150万円まで、38万円の配偶者特別控除が受けられるようになりました。夫の年収によって控除の額は異なりますが、103万円の壁が150万円に引き上げられたことになり、妻がより多くのパート収入を得やすくなったといえます。

　子育て中のお母さんの就業率を上げる方策が、無償化と配偶者特別控除の改正です。

2　幼児教育無償化の概要と論点

無償化の対象と内容

　さて無償化の内容をみます。2017年12月に策定されたパッケージで無償化のおおよその内容が決まりました。そして、「経済財政運営と改革の基本方針2018」（以下「骨太方針」と略す）が2018年6月15日に閣議決定されました。パッケージで未確定だった大部分をこの骨太方針で決着させました。さらに2018年12月28日に「幼児教育・高等教育無償化の制度の具体化に向けた方針」（関係閣僚合意）が示され、無償化の内容がほぼ確定しました。

　まず最初に無償化の対象と内容をみます。

(1)　3歳〜5歳で保育の必要性の認定事由に該当する子どもの場合（**図2−5の左上**）

　保育の必要性の認定事由に該当する子どもとは、2号認定の子どもと、1号認定ですが2号認定の基準と同等の内容で保育が必要と認定された子どもです。後者については新たな認定を設けるとしています。新制度で幼稚園を使うのは1号認定に限られているため、1号認定ですが保育が必要という新たな認定を作るとしています。

　①保育所、認定こども園、新制度内幼稚園を利用する場合は無料となります。所得制限などはなく、すべての子どもが無料となります。3

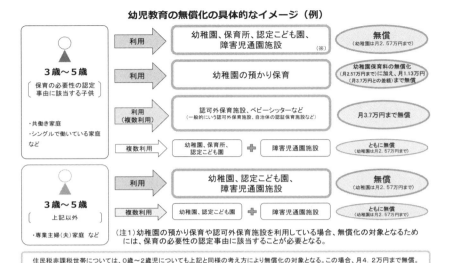

図 2-5　幼児教育無償化の概要
出所：内閣府「幼児教育無償化に関する住民・事業者向け説明資料　2」。

歳〜5歳児については以下、同様です。

②新制度外幼稚園を利用する場合は、新制度内幼稚園について国が定める利用者負担の上限額（2万5700円／月）までは無料、それを超える額は利用者負担となります。

③幼稚園の預かり保育を受ける場合は、先の上限額（2万5700円）を含め3万7000円／月（保育所の月額保育料の全国平均額）まで無料、それを超える額は利用者負担となります。

④一定の基準を満たす認可外保育施設を利用する場合は、3万7000円／月まで無料、それを越える額は利用者負担となります。ただし一定の基準を満たさない施設でも、5年間は経過措置として無償化の対象となります。

(2)　3歳〜5歳で保育の必要性の認定事由に該当しない子どもの場合

2章　就業率向上対策としての幼児教育無償化が保育所、幼稚園に与える影響　*41*

（**図2-5**の左下）

　先に書いたように、1号認定ですが保育が必要という新たな認定が作られます。その子ども以外の1号認定の子どもが**図2-5**の左下に入ります。

　①認定こども園、新制度内幼稚園を利用する場合は無料となります。

　②新制度外幼稚園を利用する場合は、2万5700円／月までは無料、それを超える額は利用者負担となります。

(3)　住民税非課税世帯で保育の必要性を認定された0歳～2歳の子ども（3号認定の一部）

　①保育所、認定こども園、地域型保育事業等を利用する場合は無料となります。

　②一定の基準を満たす認可外保育施設を利用する場合は、3歳～5歳と同じ考えで4万2000円／月まで無料、それを超える額は利用者負担となります。

　おおざっぱに言いますと、3歳～5歳は一部の高額な保育料を徴収している施設を除き利用する施設、保護者の所得に関係なく無料、0歳～2歳については3号認定を受けた子どもで、住民税非課税世帯は無料になります。

　ただし、無償化の対象となるのは保育料であり、各施設で実費徴収する教材費、食材料費、通園送迎費、行事費などは対象外です。また、保育所、認定こども園、新制度内幼稚園と障害児通園施設など、複数施設を利用する場合は、両方とも無料です。新制度外幼稚園と障害児通園施設など、複数施設を利用する場合、新制度外幼稚園については2万5700円／月まで無料です。

　企業主導型保育事業については「標準的な利用料を無償化する」と書かれていますが、具体的な金額は書かれていません。もし他の施設とそろえるのであれば、3歳～5歳については3万7000円／月まで、0

歳～2歳については4万2000円／月まで無料となります。

無償化を巡る論点

　無償化そのものに反対する人はあまりいません。しかし、今回の無償化については、いろいろな意見が出されています。主だった意見は以下の五点です。

　まず一つ目は、財源を消費税にしている点です。消費税率を2％引き上げるとおおむね5.6兆円の増収になります。もともとはそのうちの5分の1を社会保障の充実に使い、残りは財政再建に使うとしていました。それを無償化、子育て支援、介護人材の確保などと財政再建におおむね半分ずつ使うと変え、無償化を実現することにしています。2012年6月の三党合意によって、消費税率の引き上げで社会保障の充実に必要な財源を確保すると決められました。新制度によって新たに必要となる財源も消費税率の引き上げに求めるということになりました。これを基本にすると、無償化をはじめ保育の充実を図るため新たな財源を確保しようとすると、消費税率を引き上げなければなりません。消費税率の引き上げを避けようとすると、保育充実のための予算が確保できないという問題が生じます。税には、法人税、所得税、相続税など消費税以外の税金がたくさんあります。にもかかわらず、社会保障の財源と消費税をリンクさせたところに大きな問題があります。

　二つ目は、無償化の恩恵は所得が高いほど、大きくなるという点です。たとえば国が定める利用者負担額（2号認定）をみますと、世帯年収が1200万円の場合は10万1000円／月、年間ですと121万2000円です（概算、以下同様）。これが無料になります。年収の70％を消費する場合、2％の増税で16万8000円の負担増です。差し引き104.4万円の負担減です。世帯年収が800万円の場合、無料になる年間保育

料は 69 万 6000 円、年収の 80% を消費する場合 12 万 8000 円の負担増で、差し引き 56 万 8000 円の負担減です。世帯年収が 400 万円の場合、無料になる年間保育料は 32 万 4000 円、年収の 90% を消費する場合 7 万 2000 円の負担増で、差し引き 25 万 2000 円の負担減となります。保育料は応能負担であり、それを無償化すると、所得が高いほど恩恵が大きくなります。

三つ目は、無償化以外にも取り組む課題があるのではないかという意見です。二点目とも関係しますが、所得階層の高い人も含めてすべてを無償化するのではなく、それ以外の分野、たとえば待機児童の解消、保育士の処遇改善、保育環境整備など、場合によっては当初の予定通り財政再建に財源を回すべきではないかという考えです。

四つ目は、食材料費も無償にすべきではないかという意見です。給食は保育の一環であり、従来も 0 歳〜2 歳児の副食費、3 歳〜5 歳の主食費・副食費は公費負担の対象でした。それを自己負担に変えるのは後退になるという考えです。

五つ目は、認可外保育施設を無償化の対象にすると、認可外施設の固定化が進み、保育環境の全般的な改善が遅れるのではないかという意見です。

3 幼児教育無償化が幼稚園、保育所に与える影響

公立幼稚園が崩壊の危機に直面する

まず、重視しなければならないのは公立幼稚園です。2018 年 5 月時点で幼稚園総数は 9508 箇所、うち公立幼稚園は 3668 箇所、38.6% です（認定こども園は含みません）。幼稚園は 3 歳児以上を受け入れますが、私立幼稚園の場合、3 歳〜5 歳児を受け入れているのは 99.1% です。それに対して、公立幼稚園の場合、3 歳〜5 歳児を受け入れている

のは 51.4% です。

　2019 年 10 月以降、高額な保育料を設定している新制度外幼稚園を除くと、3 歳児以上の幼稚園児は保護者の所得に関係なく無料になります。ところが公立幼稚園の半数は 4 歳児からしか受け入れていません。私立幼稚園ですと 3 歳児から無料で利用できるのに、4 歳まで待って公立幼稚園に入園させる保護者は限られるでしょう。もちろん、公立幼稚園の保育内容が良く、公立幼稚園を選ぶ保護者もいます。しかしこのままですと、無償化とともに半数の公立幼稚園は入園児が激減し崩壊に直面すると思われます。

　また、預かり保育についても考える必要があります。幼稚園は 1 号認定の子どもを受け入れる施設ですが、無償化後は実質的な 2 号認定の子どもも受け入れるようになります。実質的な 2 号認定の子どもが幼稚園に通い、預かり保育を利用する場合、保育料と預かり保育料の合計が 1 カ月 3 万 7000 円以内であれば、所得に関係なく無料になります。

　公立幼稚園と私立幼稚園では、預かり保育の実施状況に大きな差があります。預かり保育の実施状況を見ますと（2016 年 6 月 1 日時点、以下同様）、公立幼稚園の実施率は 66%、私立幼稚園は 96.5% です。預り保育を実施している幼稚園のうち、平日の 17 時以降も預かり保育を実施している幼稚園の比率をみますと、公立幼稚園は 41.6%、私立幼稚園は 77.8% です。公立幼稚園の場合、平日 17 時以降も預かり保育を実施している幼稚園は、公立幼稚園全体の 27.5% しかありません。春、夏、冬の長期休業期間中の預かり保育実施状況ですが、公立幼稚園の実施率は 43.5%、私立幼稚園は 75% です。

　無償化が始まりますと、実質的な 2 号認定の子どもが私立幼稚園に通い、預かり保育を利用すると思われます。たとえば、2 歳までは地域型保育事業を利用し、3 歳からは私立幼稚園に行き、預かり保育を

2章　就業率向上対策としての幼児教育無償化が保育所、幼稚園に与える影響　　45

利用するというパターンです。2歳まではお母さんが家庭で育て、子どもが3歳になり働きに出る場合もあるでしょう。

　ところが公立幼稚園では、17時以降も預かり保育を実施しているのは全体の4分の1程度、長期休業中に預かり保育を実施しているのは半分以下です。そのため、2号認定の保護者の勤務時間に対応できる公立幼稚園はかなり限定されます。無償化後、幼稚園で実質的な2号認定の子どもを受け入れるようになっても、私立幼稚園とは異なり、2号認定の子どもが公立幼稚園を利用する可能性はかなり低いと思われます。

幼稚園の認定こども園化が加速される

　2017年度の幼稚園等の箇所数を見ますと、新制度内幼稚園が884箇所（11%）、認定こども園に移行した園が2047箇所（25.4%）、新制度外幼稚園のままが4380箇所（63.6%）です。新制度後も新制度内に入ってない幼稚園が約3分の2あります。働く保護者が増えているにもかかわらずこのような状況が成り立っているのは三つの理由があります。一つ目は、幼稚園での預かり保育の普及です。2号認定の子どもでも預かり保育を使うことで就業が可能となります。二つ目は、幼稚園＋預かり保育の方が保育所を利用するよりも安価な場合が多いということです。三つ目は、幼稚園で幼児教育を受けさせたいと考えている保護者のニーズです。このような保護者側の理由で新制度外幼稚園が維持できています。

　しかし無償化で二つ目の理由はなくなります。また、幼稚園型認定こども園、幼保連携型認定こども園であれば幼稚園教育を受けさせたいという保護者のニーズはかなり満たされます。一方、預かり保育は普及していますが、平日の開設時間、長期休暇中の開設状況、保育内容などは、認定こども園や保育所に比べると見劣りする場合が多いと

いえます。

　その結果、無償化とともに2号認定の保護者から、幼稚園を認定こども園に変えて欲しいという希望が出てくると思います。地域で認定こども園が増え続けると、子ども確保という点からそのような保護者の希望を軽視しにくくなるでしょう。その結果、幼稚園の認定こども園化、新制度外幼稚園の新制度への移行が進むと思われます。

認可外保育施設の固定化が進む

　そもそも保育所の基準を満たさない施設が合法的に存在するのは奇妙なことですが、保育所に入れない、保育所では開設時間が合わないなどの理由で認可外保育施設が存在し続けています。ただし、国が定める保育所の基準を満たしていない施設であるため、存在は認めるものの、国費の投入は控えてきました。ところが今回の無償化では、認可外保育施設も対象になり、国費が投入されます。

　2017年3月31日時点で、国が把握している認可外保育施設は6558箇所、利用している子どもは15万8658人です。保育所、認定こども園を利用している子どもと比べると、おおよそ6%程度です。一定規模以上の認可外保育施設を届出対象施設といいますが、2017年3月31日時点で届出対象施設は6050箇所です。

　届出対象施設は原則として1年に1回以上、都道府県が立ち入り調査を行うことになっています。2016年度に立ち入り調査を行った届出対象施設は4338箇所（総数の66.1%）です。このうち指導監督基準に適合していた施設は2404箇所（総数の36.7%）です（表2－4）。

　指導監督基準というのは政府が定めているもので、認可外保育施設の保育環境、保育内容などを指導、改善するための基準です。ただし、保育所の基準と比べて大きな問題が二つあります。一つは保育者の資格です。保育所、認定こども園とは違い、保育者のおおむね3分の1

表2-4 認可外保育施設の状況

	総数	届出対象施設	調査実施施設	結果		
				適合	不適合	不明
施設数	6,558	6,050	4,338	2,404	1,934	2,220
割合（%）	100	92.3	66.1	36.7	29.5	33.9

注：割合は総数に対する割合。
出所：厚生労働省「平成28年度認可外保育施設の現況取りまとめ」から筆者作成。

以上は保育士もしくは看護師の有資格者としています。そのため、3分の2までは保育士資格のない保育者で運営できます。もう一つは面積基準です。一人当たり1.65m^{2}だけしか定めておらず、保育所の基準（0歳～2歳児は乳児室1.65m^{2}またはほふく室3.3m^2、3歳～5歳児は1.98m^2）と比べますと低くなっています。指導監督基準はこれ以外にもいろいろとありますが、これを満たしていると確認できた施設は総数の36.7%しかありません。

　認可外保育施設は指導監督基準を満たしている施設と満たしていない施設に分かれます。今回の無償化では、後者については5年間の猶予を与え、無償化の対象とします。5年後に指導監督基準を満たせない場合は無償化の対象から外れます。一方、前者については特段の条件はなく無償化の対象になります。結局、認可外保育施設の指導監督基準が国費投入の条件となり、保育所より低い基準が実質的に認められたことになります。

4　無償化は民営化の理由にはならない

無償化の負担割合

　無償化の財源は先に書いたように消費税率の引き上げ分を充てます。現在の消費税は8%、うち地方消費税が1.7%です。これが2019年10

月から 10％ に上がりますと、地方消費税も 2.2％ に上がります。2％
消費税が上がりますと、5.6兆円程度の増収が見込まれていますが、そ
のうち国税分が 4.2兆円、地方税分が 1.4兆円ぐらいです。

　無償化は政府が一方的に決めたものであり、消費税の増税分を無償
化の財源にするとしていたため、国税の増収分を充てると考えられて
いました。ところが2018年の夏頃、政府は地方消費税も増税になるた
め、自治体も無償化について財政負担すべきではないかと言い出しま
した。当然、自治体は反発し、国と自治体の協議が続けられ、財政負
担については2018年12月に以下のように決着しました。

　①新制度に位置づけられている幼稚園、保育所、認定こども園、地
域型保育事業は現行制度の負担割合と同じとする。
・私立施設は国1／2、都道府県1／4、市町村1／4
・公立施設は全額市町村
　②新制度に位置づけられていない私立幼稚園、認可外保育施設など
は国1／2、都道府県1／4、市町村1／4とする。
　③2019年度に要する経費は全額国費負担、2020年度以降は上記の割
合で負担する。

公立施設を民営化する理由にはならない

　先の合意によると、私立は市町村負担が1／4、それに対して公立
は全額負担です。その点を取り上げ、公立幼稚園、公立保育所は市町
村の財政負担が大きいため、無償化をきっかけに公立施設を民営化す
べきではないかと言われています。しかしこれには何の根拠もありま
せん。この点について政府は以下のように述べています。少し長い文
章ですが重要なので引用します。「無償化に係る地方負担については、
地方財政計画の歳出に全額計上し、一般財源総額を増額確保した上で、
個別団体の地方交付税の算定に当たっても、地方負担の全額を基準財

2章　就業率向上対策としての幼児教育無償化が保育所、幼稚園に与える影響　*49*

政需要額に算入するとともに、地方消費税の増収分の全額を基準財政収入額に算入する」（関係閣僚合意「幼児教育・高等教育無償化の制度の具体化に向けた方針」）。

　三割自治といわれているように、自治体は業務に必要な財源を十分確保できておらず、不足分を国から地方交付税という形で受け取っています。この計算はおおよそ以下のようにします。まず、自治体がさまざまな業務を進めるにあたって必要となる経費を積み上げます。これが基準財政需要額です。それに対して地方税など自治体の収入を積み上げます。これが基準財政収入額です。基準財政需要額と基準財政収入額を比べ、前者の方が大きければ、その差額が地方交付税として配分されます。このような自治体を交付団体と呼んでいます。それに対して、後者の方が多い自治体は自前の財源で自治体を運営できるとされ、地方交付税は配分されません。このような自治体を不交付団体と呼んでいます。現在、47都道府県のうち不交付団体は東京都のみ、1724市町村のうち不交付団体は77市町村です。交付団体は全市町村の95.6%で、ほぼすべての市町村が地方交付税を受けています。

　さて先に引用した政府の文章によりますと、今回の無償化で市町村が負担する経費はすべて基準財政需要額に算入されます。この意味を具体的に考えます。まず市町村の95%以上が交付団体のため、交付団体から考えます。わかりやすくするためできるだけ単純化します（**図2-6**）。

　①無償化を含めない状態で基準財政需要額と基準財政収入額を比較すると、前者が1億円多いとします。そのため、無償化を含めない場合、この市には1億円の地方交付税が配分さます。

　②市内に一箇所の公立保育所があるとし、その無償化に必要な経費が年間6000万円だとします。公立の場合、無償化に必要な経費はすべて市が負担しなければなりません。そうすると基準財政需要額が6000

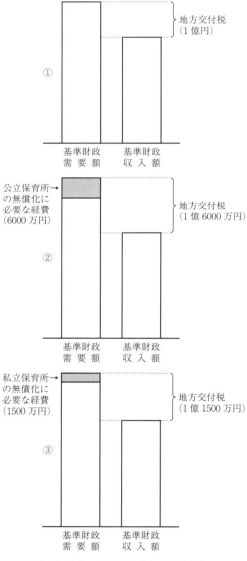

図2-6 無償化に必要な経費と地方交付税の関係
出所：筆者作成。

万円増え、基準財政収入額との差額が1億6000万円となります。その結果、配分される地方交付税は1億6000万円になります。

③この公立保育所を民営化すると、無償化に必要な経費6000万円のうち、市が負担するのは1／4の1500万円に減ります。そうすると基準財政需要額は①と比べ1500万円の増になり、基準財政収入額との差額は1億1500万円です。その結果、配分される地方交付税は1億1500万円になり、公立保育所があった時よりも、4500万円減ります。

公立施設の場合、無償化に必要な市の財政負担は大きくなります。しかし、その増えた分、地方交付税が増えるため、市の実質的な財政負担は変

化しません。公立保育所を私立保育所に変えると、無償化に必要な市の財政負担は減りますが、それと同額分、地方交付税の配分額が減るため、公立でも私立でも市の実質的な財政負担は同じです。地方消費税が増えるため、**図2-6**の②、③の基準財政収入額は①より増えますが、増える金額は②、③とも同じため省略しています。

無償化に便乗した民営化には道理がない

　今回の無償化では、公立の場合、市町村が100%負担、私立の場合は1／4負担です。そのため歳出面だけみると、公立より私立の方が市町村の財政負担が少ないようにみえます。しかし、政府の文章に書かれてあるように、市町村が負担する経費はすべて基準財政需要額に算入されます。その結果、私立よりも公立の方が地方交付税の配分額が多くなります。結局、歳入と歳出の両面をみると、公立と私立、どちらであっても市町村の財政負担は同じです。

　ですから市町村が「無償化の結果、公立保育所はお金がかかる、私立の方が財政負担が少ないため民営化しよう」という場合、それは明らかに嘘です。このような無償化に便乗した民営化には反対すべきです。

　ただし市町村の5%未満ですが、不交付団体が存在します。これら不交付団体の6割は東京都、千葉県、埼玉県、神奈川県、愛知県内の市町村です。不交付団体については地方交付税が配分されていないため、無償化に伴い公立の方が私立より市町村の実質的な財政負担が大きくなります。また地方消費税が増えるため、交付団体が不交付団体に替わる可能性もあります。不交付団体の場合、実質的な財政負担が大きくなるため、公立施設の民営化を財政的理由から進めようとするかもしれません。

　不交付団体は財政的には比較的豊かなため、財政的理由だけで民営

化を進める必要はありません。むしろ、公立施設の位置づけに立ち返って議論すべきです。

5　今回の無償化は撤回すべき

消費税の増税を財源とした無償化には反対すべき

　先に書いたように無償化の財源は消費税率の引き上げです。消費税は逆累進性が強く、税金のあり方として不適切です。しかも、消費不況が長引き、実質賃金が低下している日本で、消費税率を引き上げますと、市民生活と地域経済を直撃します。就学前児童がいない子育て世帯にとっては単に消費税率が上がるだけです。就学前児童がいる家庭でも、子どもが小学生になると消費税率の引き上げしか残りません。

　法人税、所得税、相続税など、さまざまな税金があります。その中で無償化の財源を消費税に求めることはおかしく、富裕層や収益を上げている法人に財源を求めるべきです。このようなことを認めると、0歳〜2歳児の無償化を進めるためには新たな財源が必要であり、また消費税を引き上げなければなりません。学童保育の無償化を進める場合も、消費税を引き上げなければならないということが起こります。無償化そのものには反対しませんし、子育ての個人負担を減らすためには無償化を進めるべきですが、消費税を財源とした今回の無償化には反対すべきです。

確保した財源は効率的に使うべき

　3歳〜5歳児の無償化そのものには反対しませんが、確保した財源の大半をそこに充てるのには反対です。3歳〜5歳だけでなく、0歳〜2歳児の保育料負担もかなり大きくなっています。小学校に行くと学童保育料を負担しなければなりません。待機児童対策も重要です。そ

もそも保育所に入れなければ、無償化の対象になりません。待機児童を減らすためには施設の増改築が必要で、その経費も必要です。施設を増やすと同時に保育士を確保しなければなりませんが、仕事に見合った賃金が保障されていないため、保育士不足が深刻です。それを解決するためには、保育士の処遇改善が避けられず、そのためには予算が必要です。

今回は大半の予算を3歳〜5歳の無償化に充てますが、その理由は、子どもが3歳になった母親の就業を促すためです。子育て支援をどのように充実させるべきかという視点が欠落しています。子育て支援を充実するためにはさまざまな分野に予算を使わなければなりません。今回の無償化はいったん凍結し、消費税以外で予算を確保し、その予算を子育て支援のどの分野に充当することが効率的かを議論すべきです。この点については5章で改めて考えます。

6　幼児教育無償化までに市町村が考えること

公立幼稚園のあり方を検討すべき

今回の無償化は撤回すべきです。また、消費税の引き上げ反対の声を大きくし、消費税の引き上げが撤回されれば、無償化も止まります。基本的にはそうすべきですが、状況によっては消費税の引き上げ、無償化の実施へ進むかもしれません。そのような場合、最も大きな影響を受けるのは公立幼稚園です。そのため、3歳児を受け入れていない公立幼稚園、十分な預かり保育を実施していない公立幼稚園を抱えている市町村は、公立幼稚園のあり方を至急、考えなければなりません。

幼稚園の需要が見込める地域では、公立幼稚園のままで3歳児から受け入れるようにすべきです。そもそも3歳から受け入れないのは新制度の趣旨から反しています。遅くとも2020年4月からは3歳児を受

け入れるべきです。そうしなければ先に見たように公立幼稚園の大幅な定員割れが必至です。

　幼稚園の需要が見込みにくい地域では、需要に対応した公立施設のあり方を検討すべきです。幼稚園と認定こども園（幼稚園部分）の定員が、1号認定の子ども数を越えているような地域で、さらに定員を増やすようなことは慎重にすべきです。そのような場合、公立のままでの認定こども園化を一つの選択肢として検討すべきです。公立幼稚園の預かり保育を充実させるのも一つですが、認定こども園化を進める方が、保育環境としては望ましいと思います。もちろん認定こども園化を進める場合は、保護者ときちんと議論し、クラス編成や保育内容がどう変わるのかなどについて、保護者の不安を解消するようにしなければなりません。また、幼稚園に空間的余裕があり、2歳児以下の待機児童を抱えているような地域では、3号認定の子どもの受け入れも検討すべきです。この点については4章で考えます。

　すでに公立認定こども園に変えた施設の中には、2号認定は3歳から受け入れているにもかかわらず、1号認定は4歳からしか受け入れてない園があります。このような認定こども園は、1号認定も3歳から受け入れるように改善すべきです。

　いずれにせよ時間的猶予はなく、急がなければ「大幅な定員割れ→廃園」となる公立幼稚園が続出し、2〜3年間で公立幼稚園が大きく淘汰されかねません。公立幼稚園の設置者は市町村であり、市町村の責任で速やかに検討を始めるべきです。ただし、政府も市町村が認定こども園化に伴う施設改修などを行う場合、特別な財政措置を講じるべきです。

幼児教育無償化で市町村に財源が生まれる

　現在、政府が保育料の上限額を決め（国庫負担金の精算基準額）、そ

れを上限として、市町村が実際徴収する保育料を決めています。上限額は高いため、市町村が決める保育料は、上限額よりも低くする場合が多くなっています。これを保育料減免、差額を保育料減免額と呼んでいます。保育所の運営費は政府が決めますが、財源は行政の負担分と保育料からなります。そのため、市町村が保育料減免をしますと、保育料収入が減るため、その分を市町村が補填しなければ、保育所を運営できません。この保育料減免は市町村の判断で行っているため、市町村負担分は先にみた基準財政需要額に入れられず、すべて市町村の単独負担となります。

　今回、3歳児以上の保育料が無料となりますが、予算的に政府が保障するのは政府が定める上限額です。その結果、市町村の保育料減免が不要となります。保育料減免が不要になってもこれは基準財政需要額に入っていないため、地方交付税がその分、減るということは起こりません。

　まず無償化でどの程度の財源が生み出されるかを各市町村で把握しなければなりません。毎日新聞によりますと、無償化に必要な財源は約8000億円／年、そのうち保護者負担の軽減が6割、市町村の負担軽減が4割です（2018年6月7日付）。この4割が保育料減免額に該当します。減免額が大きな市町村ほど無償化によって大きな財源が生まれます。市町村によって異なりますが、大きな市では10億円以上の負担減になると思います。

　重要なのはこの財源を引き続き子育て支援分野で使うように市町村に働きかけることです。待機児童解消、0歳〜2歳児の保育料減免の拡充、保育環境の改善、保育士処遇の改善など、使うべきところはたくさんあります。市民からの働きかけがなければ、無償化によって生み出された財源を全く別のことに使ってしまうかもしれません。

　今回の無償化は撤回すべきですが、そうならない場合も想定して、

以上のような対策を市町村は考えなければなりません。

幼児教育無償化は新制度後の課題を解決する施策

　１章でみましたが、新制度後の課題として、私立の新制度外幼稚園を認定こども園に移行させ、新制度の枠内に入れること、公立施設を大きく減らすことが残されました。無償化は単に保育料が無料になるだけではありません。今までみてきたように無償化はそれらの課題解決につながります。そういう意味で新制度と無償化は大きく関係しています。

　もちろん無償化の影響は幼稚園だけにとどまりません。公立幼稚園の統廃合、認定こども園化に巻き込まれる公立保育所もあるでしょう。また、無償化に便乗した公立保育所の民営化が進むかもしれません。

参考文献

1　本章で使用した統計は次の通り。
　　厚生労働省「一般職業紹介状況（平成 30 年 10 月分）」、「『外国人雇用状況』の届出状況まとめ（平成 29 年 10 月末現在）」、「雇用政策研究会報告書（案）」及び「労働力需給推計関係資料（案）」、「認可外保育施設の現状取りまとめ（平成 28 年度）」。日本銀行「主要時系列統計データ表、全国短観」。総務省「労働力調査」。文部科学省「学校基本調査」、「平成 28 年度幼児教育実態調査」。

2　閣議決定「新しい経済政策パッケージ」2017 年 12 月。

3　閣議決定「経済財政運営と改革の基本方針 2018」2018 年 6 月。

4　幼児教育無償化について引用、参照した文献は以下の通り。内閣府「幼児教育無償化に関する住民・事業者向け説明資料」、関係閣僚合意「幼児教育・高等教育無償化の制度の具体化に向けた方針」「幼児教育無償化に係る参考資料」2018 年 12 月。

5　子ども・子育て支援新制度については、内閣府ウェブサイト「子ども・子育て支援新制度」を参照。

6　無償化によって認可外保育施設の固定化、質の低下が懸念されます。保育所

等における事故については下記のウェブサイト参照。内閣府ウェブサイト「特定教育・保育施設等における事故情報データーベース」、厚生労働省ウェブサイト「保育関係」。

　また以下の文献が参考になります。猪熊弘子・寺町東子・新保庄三著『重大事故を防ぐ園づくり』ひとなる書房、2019年1月。

3 章

地方行革による公立保育所、公立幼稚園の 民営化・統廃合

　保育所、幼稚園を大きく変える三つ目の制度政策は、市町村が進める行財政改革です。この中心にあるのが、市町村が策定する公共事業等総合管理計画です。公共施設等総合管理計画とはどのような内容で、それが公立幼稚園、公立保育所の民営化・統廃合にどう関係しているのでしょうか。今まで市町村が進めてきた民営化や統廃合とはどう異なるのかをみます。そして、このような自治体の行財政改革が今後どのように進みそうなのか、それが保育行政や公立施設にどのような影響を与えるのかを考えます。

1　公共施設等総合管理計画の内容と問題点

公共施設等総合管理計画の背景

　2013 年 11 月、政府は「インフラ長寿命化基本計画」を策定しました。インフラというのは、道路、橋、上下水道など主として土木工作物です。この計画がめざしているのは三つです。一つは、インフラの老朽化や自然災害に対応し、安全で強靱なインフラを築くことです。もう一つは、インフラの適切な維持管理、更新を進め、トータルコストの縮減や予算の平準化を図ることです。最後は、これらを通じてメインテナンス産業を育成することです。

　この基本計画を受け、国土交通省は 2014 年 5 月に「国土交通省インフラ長寿命化計画（行動計画）」を策定しています。対象としているの

は、道路、河川・ダム、下水道、空港、公園等のインフラと公営住宅、庁舎施設等の公共施設です。内容的には、適切なインフラの点検・診断、修繕・更新を進め、安全なインフラの維持、トータルコストの削減を進めようというものです。同じように厚生労働省、農林水産省も行動計画を策定しています。

　基本計画では国だけでなく、インフラを管理・所有する自治体にも必要に応じて行動計画を策定するように呼びかけています。それを受け、総務省は2014年1月に自治体に対して「公共施設等の総合的かつ計画的な管理による老朽化対策等の推進」を出しました。そこで公共施設等総合管理計画を、インフラ長寿命化基本計画に基づいて自治体が策定する行動計画と位置づけました。

公共施設等総合管理計画の目的と取り組み状況

　公共施設等総合管理計画はインフラ長寿命化計画の自治体版ですが、両者の狙いは異なります。まず一点目は対象です。名前をみれば明らかなように、インフラ長寿命化計画は、道路や橋、上下水道などのインフラに重点があります。それに対して、公共施設等総合管理計画は建物に重点があります。

　二点目は目的です。インフラ長寿命化計画は、予防的な維持管理などを導入することで、インフラの長寿命化を図ることに主眼があります。それに対して公共施設等総合管理計画は、公共施設の状況（建設年、利用状況等）を把握した上で、公共施設の将来のあり方を検討することに主眼があります。

　公共施設等総合管理計画の策定主体は都道府県及び市町村です。2018年9月時点で、都道府県及び指定都市はすべて策定済み、指定都市以外の市町村の策定率は99.7%で、ほぼすべての自治体が策定済みです。

公共施設総合管理計画の内容

　総務省は2014年4月に「公共施設等総合管理計画の策定にあたっての指針」を発表しました。指針は、公共施設等総合管理計画に記載すべき事項、公共施設等総合管理計画策定にあたっての留意事項、その他の三つからなり、中心は最初の項目です。

　公共施設等総合管理計画に記載すべき事項は、公共施設等の現状及び将来の見通し、公共施設等の総合的かつ計画的な管理に関する基本的な方針、施設類型ごとの管理に関する基本的な方針からなります。

　最初の、公共施設等の現状及び将来の見通しでは、以下の三つをあげています。

　①老朽化の状況や利用状況をはじめとした公共施設等の状況。

　②総人口や年齢別人口についての今後の見通し。

　③公共施設等の維持管理・修繕・更新等に係わる中長期的な経費の見込み。

　二つ目の、公共施設等の総合的かつ計画的な管理に関する基本的な方針では、以下の五つをあげています。

　①計画期間、少なくとも10年以上の計画期間にすること。

　②全庁的な取組体制の構築及び情報管理・共有の方策。

　③現状や課題に関する基本認識。

　④公共施設等の管理に関する基本的な考え方。

　⑤フォローアップの実施方針。

　この④が指針の中心です。少し長くなりますが、指針を引用しながら説明します。ここで示された内容は四つです。一つ目は、「更新・統廃合・長寿命化など、どのように公共施設等を管理していくか」という「基本的な考え方」です。二つ目は、「PPP／PFIの活用などの考え方」です。三つ目は、「計画期間における公共施設等の数や延床面積等の公共施設等の数量に関する目標」で、これが指針の中心です。四つ

目は、以下の事項についての考え方です。以下の事項というのは、点検・診断等の実施方針、維持管理・修繕・更新等の実施方針、安全確保の実施方針、耐震化の実施方針、長寿命化の実施方針、統合や廃止の推進方針、総合的かつ計画的な管理を実現するための体制の構築方針です。

公共施設等総合管理計画の問題点

　公共施設等総合管理計画は自治体が作成しますが、総務省の指針に基づいて作られているため、以下のような共通した問題がみられます。一つ目の問題は、公共施設の総量削減計画になっていることです。公共施設の将来のあり方を検討する方法ですが、まず将来人口の予測、公共施設等の維持管理・更新にかかる経費予測を行います。そしてそれらを踏まえ、将来保有する公共施設の総面積など、数値目標を設定します。多くの自治体では将来的に人口が減るため、単純に考えますと公共施設の利用者が減ります。また、多くの公共施設が更新時期を迎えるため、財政負担は増加します。この二点から公共施設の将来を考え、公共施設の面積縮小が不可欠としており、大半の自治体では公共施設の削減計画になっています。表3−1は2017年3月31日時点で公共施設等総合管理計画を策定している1709市区町村のうち、公共施設面積の削減目標値が具体的に書かれている674自治体をみたものです。20％〜30％削減するという自治体が最も多く30.6％、次いで10％〜20％が25.4％、30％〜40％が22％です。50％以上という自治体も16あります。これらの自治体を平均しますと、今後30年程度の間に、公共施設面積が3分の1程度減ります。

　二つ目の問題は、長寿命化を真剣に考えている自治体が少数ということです。多くの自治体は公共施設の削減を通じて財政負担を減らそうとしているため、長く使い続けることで財政負担を減らすような方

3章　地方行革による公立保育所、公立幼稚園の民営化・統廃合　　*63*

表3-1　公共施設面積の削減目標値

（以上～未満）	市	％	町	％	村	％	特別区	％	計	％
50％ 以上	9	2.4	6	2.4	1	2.2	0	0	16	2.4
40％～50％	35	9.2	17	6.7	2	4.4	0	0	54	8.0
30％～40％	98	25.9	46	18.3	4	8.9	0	0	148	22.0
20％～30％	132	34.8	72	28.5	6	13.3	1	16.7	207	30.6
10％～20％	73	19.3	78	31.0	17	37.9	5	83.3	171	25.4
10％ 未満	32	8.4	33	13.1	15	33.3	0	0	78	11.6
計	379	100	252	100	45	100	6	100	674	100

注：1　具体的な削減の数値目標が読み取れた674市区町村のみを記載。
　　2　1～5年後の短期目標しか読み取れなかった自治体は除外。
　　3　計画の目標年は自治体によって異なる。
出所：総務省「公共施設等総合管理計画の主たる記載内容等をまとめた一覧表（平成29
　　　年3月31日）」から筆者作成。

法をほとんど考えていません。

　三つ目の問題は、公共施設の削減が数合わせで決められていることです。公共施設の廃止がすべてダメだというのではありません。その場合、市民生活との関係でその施設が廃止されても大丈夫か、代替措置が考えられているかなど、慎重に判断しなければなりません。しかし、今回の計画では、財政面等から全体の削減量を導き、それを各種公共施設に割り振るようなきわめて乱暴な方法がとられています。

　四つ目の問題は、市民参加が保障されていないことです。公共施設を使う主体は市民ですが、市民の意見をほとんど反映せず、総務省の指針に従って計画が作られています。

　五つ目の問題は、公共施設の再編が、地域全体の再編と連動していることです。たとえば、地域に密着した公共施設を統廃合し、都心部に大規模な公共施設を新設する計画が増えています。公共施設の統廃合が地域再編の先導役になっています。

2　公立保育所民営化、廃止計画の新たな展開

北海道釧路市

　釧路市は 2006 年 9 月に「釧路市アウトソーシング推進指針」を策定しています。そこで公立保育所については「市内数箇所の拠点園を定め、拠点園以外は段階的に民間移管する」としました。それの具体化として「釧路市立保育園アウトソーシング実施計画」を定めています。そこでは市内を東、中部、西の 3 地区に分け、子どもが増えている西地区は 2 園、それ以外の地区には 1 園を残す。それら 4 園を拠点園とし、それ以外の 6 園を 2010 年以降順次、民間移管するとしました。拠点園というのは、「公民全体が切磋琢磨するインセンティブになる地区の拠点的な保育園」としていました。この計画では 2010 年に 1 園、2011 年に 1 園、2013 年に 1 園、2014 年に 1 園民間移管し、残り 2 園については 2014 年以降、民間移管の実施年度を検討するとしていました。その後ですが、2010 年、2011 年については予定通り 1 園ずつ民間移管を進めましたが、それ以降は予定通り進んでいません。

　「釧路市アウトソーシング推進指針」は事務事業を対象とした民営化の方針でしたが、2014 年 10 月には公共施設のあり方を検討した「釧路市公共施設等適正化計画」を策定しました。この計画は、今後財政状況が厳しくなるため、今の公共施設をそのまま建て替えることが困難である。そのため、公共施設を順次削減しなければならないとし、公共施設の長期的な削減面積を検討したものです。この計画を含め、2015 年 9 月に「釧路市公共施設等総合管理計画」を策定しています。

　「釧路市公共施設等適正化計画」は庁舎、コミュニティ施設、老人福祉センター、図書館、スポーツ施設等、すべての公共施設を対象にしています。また、財政予測、個々の施設の利用状況、運営コスト、老

朽度などをチェックしています。ところが最後の計画は「基本的に人口の縮小率に即して削減する」という極めて乱暴なものになっています。「人口の縮小率」に何を使ったかはよくわかりませんが、多くの市町村は国立社会保障・人口問題研究所の将来人口予測が使われています。この点については後で述べますが、この予測値を使いますと、とりわけ子どもの減少率が大きくなります。そしてこの減少率を現在の庁舎面積、コミュニティ施設面積等に掛け合わせ、各種施設ごとの削減面積を導いています。

　2014年10月時点で釧路市には公立保育所が11園（拠点4園、当初民間移管を予定していた4園、市町村合併で釧路市立保育所になった3園）ありました。合計面積は5247m^{2}です。まず第1期の計画期間（2013年〜2022年）で保育所面積を66％削減するとしています。その理由は、1981年から2015年の27年間に年少人口が66％減少したからです。5247 × 0.66で削減目標面積は3463m^{2}となります。この計画ですと2022年に残る公立保育所は1784m^{2}となり、すでに拠点4園の合計面積2529m^{2}を下回ります。第2期の計画期間（2023年〜2032年）では、2015年から2025年の年少人口減少率予測に基づいて20％削減するとしています。1784m^2×0.2で削減目標面積は356m^2、残る公立保育所の面積は1427m^{2}です。さらに第3期の計画期間（2033年〜2052年）では、2025年から2035年の年少人口減少率予測に基づいて27％削減するとしています。1427m^2×0.27で削減目標面積は385m^2、残る公立保育所の面積は1041m^{2}です。

　結局、5247m^{2}の公立保育所が1041m^{2}になり、削減率80％です。「釧路市立保育園アウトソーシング実施計画」では市内にある公立保育所のうち拠点4園を残すとしていましたが、「釧路市公共施設等適正化計画」では2園しか残せません。「釧路市立保育園アウトソーシング実施計画」でも公立保育所を大幅に減らそうとしており評価できるも

のではありません。しかし市内を地区に分け、その各地区に拠点4園を残すとしていました。ところが「釧路市公共施設等適正化計画」では、財政的理由から公共施設の総面積を大幅に削減する目標をまず立て、そして年齢別の将来人口予測に基づき、保育所の削減面積を機械的に算出しています。そのため地域の保育需要や、市自ら「地区の拠点的な保育園」とした公立保育所の役割などはまったく考慮されていません。

栃木県佐野市

　佐野市は2011年3月に「佐野市保育所整備運営計画」を策定しています（2021年までの10か年計画）。佐野市は市町村合併を進めた結果、市内に15箇所の公立保育所があります。今後は民間活力を生かすため、2013年までに2箇所の公立保育所を1箇所に統合、2017年までに5箇所の公立保育所を2箇所に統合、2021年までに2箇所の公立保育所を1箇所に統合するとしました。その結果15箇所ある公立保育所は10箇所になり、定員も減りますが、2020年までに私立保育所を5箇所誘致し、必要な定員を満たすとしていました。

　一方、佐野市は2016年3月に「市有施設等のあり方に関する基本方針」を定めています。これが公共施設等総合管理計画にあたります。この計画では、市の将来人口予測と施設更新費用を分析し、30年間で25％の公共施設総面積を削減するという目標を導いています。

　そして2018年3月に「佐野市市有施設適正配置計画」を策定しています。これは先の「基本方針」で示された面積25％削減という目標を、社会教育施設、学校教育施設、庁舎、福祉施設などにどう割り振るかを検討したものです。2011年3月に策定した「佐野市保育所整備計画」は進まず、「佐野市市有施設適正配置計画」が作られた2018年3月時点で、公立保育所は15箇所のままでした。ところがこの「適正

配置計画」では 15 箇所の公立保育所を 2027 年度までに廃止、民営化して 5 箇所に減らすという方向を示しました。

　この「適正配置計画」をうけ、佐野市は 2018 年 3 月に「第 2 次佐野市保育所整備運営計画」を作成しています。この計画ではすでに閉園が決まっていた 2 園を除き、公立保育所 13 箇所の今後を検討しています。13 箇所のうち 6 箇所を基幹的保育所として残し、2 箇所は民営化（2020 年と 2023 年に私立保育所として開園）、3 箇所は 1 箇所に統合して民営化（2022 年に私立保育所として開園）、残り 2 箇所は閉園時期を検討するとしました。

　2011 年 3 月に策定した「佐野市保育所整備運営計画」の期間がまだ終わっていないにもかかわらず、「適正配置計画」にそった「第 2 次佐野市保育所整備運営計画」を作成し直したことになります。「第 2 次佐野市保育所整備運営計画」は「適正化計画」の内容とやや異なりますが、公立保育所を大幅に削減するという考えは同じです。むしろ「適正化計画」で機械的に割り振った削減計画を、保育という視点から理屈づけようとしたものです。その理屈づけの過程で廃止、民営化する保育所を若干修正したといえます。

山口県長門市

　長門市は第 2 次行政改革大綱（2010 年 3 月）に基づき、「私有財産の有効活用に関する基本方針」を策定しています（2012 年度）。それを進めるために 2014 年 11 月に「長門市公共施設白書」が作成され、公共施設をどうすべきかを行政改革の一環で検討していました。それに対して、政府から公共施設等総合管理計画の指針が示されたため、従来の取り組みを指針にあう計画に修正し 2016 年 3 月に「長門市公共施設等総合管理計画」を策定しています。

　この計画では主として財政的制約から、今後 20 年間で公共施設面積

を 25％ 以上、40 年間で 40％ 以上削減すると目標を決めています。ここまでは多くの自治体と同じような計画ですが、長門市の場合は、公共施設等総合管理計画と同時にアクションプランを作成しています。アクションプランは 2016 年から 2035 年までの 20 年間が対象で、5 年ごとに計 4 回のアクションプランを作るとしています。そして 2016 年 3 月に「長門市公共施設等総合管理計画第一次アクションプラン」を作成しています。この第一次アクションプランは 2016 年から 2020 年を対象にしています。

　長門市には公立保育所が 10 箇所あり、面積は 7374m^2 です。第一次アクションプランでは保育所について二つの計画を決めています。一つは、5 年間の対象期間内に 1 箇所は廃止、2 箇所は別の場所に移転し複合化、1 箇所は更新し、面積を 6236m^2 まで減らすという計画です。もう一つは、第一次プラン終了の 2020 年度末で 6236m^2、第二次プラン終了の 2025 年度末で 5324m^2、第三次プラン終了の 2030 年度末で 5008m^2、第 4 次プラン終了の 2035 年度末で 3793m^2、20 年間で 48.6％の面積を削減する計画です。各々の期間中に対象となる保育所名も明記しています。

　多くの市は公共施設等総合管理計画を作った段階ですが、長門市はアクションプランも同時に作成しています。公共施設等総合管理計画及びアクションプランは総務課経営改革室が所管しています。そして公共施設等総合管理計画の上位計画は同じ総務課が所管する「長門市行政改革大綱」です。先にみたように政府レベルでは公共施設等総合管理計画の上位計画はインフラ長寿命化計画ですが、長門市で行革計画が上位計画になっています。長門市では行革の具体化として公共施設等総合管理計画が位置づけられ、その中に 20 年間にわたる保育所の削減計画が位置づけられ、5 年ごとのアクションプラン（実施計画）が立案されたといえます。

3 従来の民営化、統廃合計画とどう異なるのか

保育の理論ではない異質な削減計画

2000年ごろから公立保育所の民営化が始まりました。その後、かなりの自治体が公立保育所や公立幼稚園を民営化、統廃合しだしています。そのような動きと、公共施設等総合管理計画による民営化、統廃合がどのように異なるかを理解しなければなりません。

今までの公立保育所、公立幼稚園の民営化、統廃合は、保育課、教育委員会などが、一応は保育、幼児教育の視点から検討していました。もちろん、多くは民間活力の導入や子ども集団確保など、あまり根拠のない理由です。また、公立施設は市町村負担が100％、私立は4分の1負担ですむなど、事実に基づかない理由を根拠に挙げている自治体もあります（この点については50頁を参照。基本的な考え方は同じです）。ただ、いずれの場合でも、公立施設の果たす役割などをそれなりに述べ、そのような視点を踏まえ民営化、統廃合計画を作成していました。

ところが先にみましたが、公共施設等総合管理計画はすべての公共施設を対象とした計画で、まず公共施設を全体でどの程度削減すべきかを決めます。その根拠は財政的な理由か人口減少を理由としたものです。そのような根拠によって、30年間で40％公共施設を削減する、30年間で25％公共施設を削減するなど、まず全体的な削減目標を決めます。ここで終わる自治体もありますが、それをさらに進め、全体の削減目標を、学校、公営住宅、子育て施設など、各種の公共施設に割り振っている自治体もあります。先にみた三市はその典型です。これらの自治体は、保育や幼児教育の視点で削減計画を作っているのではありません。財政的理由等で全体の削減率をまず決め、それを保育

所や幼稚園に割り振っているだけです。そこには保育や幼児教育をどうすべきか、という視点は全くありません。そのため先にみた釧路市のように、自らが以前立てた計画と矛盾しているような市もあります。

　割り振る方法はいくつかありますが、将来人口予測を前提にしますと、他の年齢層と比べて子どもの減少率がどこの自治体でも大きくなります。そのため、保育所や幼稚園の削減率は、全体の削減率よりも大きくなるのが一般的です。先にみた釧路市の場合、子育て施設の削減率 66% に対し、それ以外の施設の削減率は 27% です。長門市では全体の削減率が 25% に対し、保育所の削減率は 48.6% です。

　公共施設等総合管理計画に基づいた公立保育所、公立幼稚園の民営化、統廃合計画は、保育や幼児教育の視点で検討されたものではないというのが最大の問題で、以前の民営化、統廃合計画とは異質であるという点を理解しなければなりません。

行政改革の視点で具体的な実施計画を策定

　公共施設等総合管理計画は 30 年〜40 年程度の長期計画になっています。多くの自治体は公共施設等総合管理計画を作成した段階ですが、中には 5 年から 10 年に期間を分割し、実施計画を作成している自治体もあります。先に取り上げた長門市は 20 年を 4 分割し、5 年ごとのアクションプランを作っています。すでに第一次アクションプランが作られており、そこで保育所の具体的な削減面積が明記されています。このアクションプランの所管は保育課ではなく、総務課経営改革室です。

　岡山県津山市も同じような実施計画を作成しています。津山市は 2017 年 5 月に「津山市公共施設等総合管理計画」を策定しています。計画期間は 30 年で、30% 以上の公共施設面積を削減するとしています。この実施計画にあたるのが 2017 年 8 月に作成された「津山市公共

施設再編基本計画」です。この計画期間は10年間で、全公共施設をコミュニティ施設、文化施設、学校、子育て支援施設などに分け、具体的な方向性を検討しています。津山市には12の公立幼稚園がありますが、この計画で示されたのは、10年間で2園に統合するという計画です。この計画を所管しているのは財産活用課です。

　香川県三豊市は2013年に「三豊市公共施設再配置計画」を策定し、その後2017年3月に総務省の指針に沿った「三豊市公共施設等総合管理計画」を策定しています。三豊市は2015年度から毎年、「三豊市公共施設再配置計画」の実施計画である「三豊市公共施設再配置実行計画」を作成しています。この計画では、計画年度に具体的に何を進めるのかが明記されています。たとえば平成30年度の実行計画には、「大浜幼稚園」を「平成31年4月に詫間幼稚園と統合します」を書かれています。このような実行計画を毎年作成していますが、所管は財政経営課です。

　従来の民営化、統廃合計画とは異なり、具体的な実施計画を作成している市町村が増えだしています。政府は公共施設等総合管理計画の上位計画をインフラ長寿命化計画としています。ところが長門市でみたように、自治体によっては公共施設等総合管理計画の上位計画を行政改革大綱等にしています。この点も、従来の民営化、統廃合計画とは大きく異なる点です。そのため、公共施設等総合管理計画や実施計画の進捗管理は財政部門が行います。

政府の縛りがかかる

　公共施設等総合管理計画を作成するのは自治体です。この点は従来の民営化、統廃合計画と同じです。しかし従来、市町村が作成していた民営化、統廃合計画は、政府の指針等に基づいたものではなく、市町村が独自に作成したものです。そのため構成、内容はさまざまでした。

一方、公共施設等総合管理計画は、総務省が 2014 年 4 月に発表した「公共施設等総合管理計画の策定にあたっての指針」に沿って作成されます。そのため、自治体が作成しているにもかかわらず、すべての公共施設等総合管理計画が同じ構成になっているといっても過言ではありません。長門市や三豊市のように指針より先に同じような趣旨の計画を作成していた自治体は、指針に沿うように計画を修正しています。さらに公共施設等総合管理計画を作成する場合、大半の自治体が財政予測を行っています。この予測を行うにあたってのソフトは総務省ウェブサイトで提供されており、どこの市町村でも同じような予測、グラフが示されています。このように従来の民営化、統廃合計画とは異なり、総務省の意向に沿って、計画が作られています。

公共施設等総合管理計画は、政府による審査、政府による認定などはありません。しかし、策定状況、改訂状況等について、政府による定期的なフォローアップ調査があります。従来の民営化、統廃合計画の作成状況などを政府が調査したことはありません。自治体の判断で作成したものであり、その進捗状況を政府がチェックすることはありませんでした。しかし、公共施設等総合管理計画の場合は、政府から定期的なチェックが入ります。

また、「公共施設等適正管理推進事業債」があります。これは公共施設面積の縮小を伴う公共施設の集約化や複合化をする際に発行できる地方債（自治体が行う借金）ですが、通常の地方債よりも有利な条件で発行できます。この事業債を使う場合、その事業が公共施設等総合管理計画に明記されていなければなりません。従来の民営化、統廃合計画の場合、それに沿って事業を進めても、財政的な優遇措置はありませんでした。しかし公共施設等総合管理計画に沿って事業を進めた場合、財政的な優遇措置が用意されています。

公共施設等総合管理計画は義務ではありませんが、99% 以上の市町

3章　地方行革による公立保育所、公立幼稚園の民営化・統廃合　　*73*

村が作成済みです。作成が義務ではありませんが、政府によるチェックがあること、財政的な優遇措置があることによります。これらの点が従来の民営化、統廃合計画とは大きく異なります。

4　人口減少を口実とした公共施設削減にどう対応すべきか

国立社会保障・人口問題研究所の将来人口予測を使うのは不適切

　先に紹介した釧路市ですが、将来人口予測をもとに公共施設の削減面積を導いています。その予測値は**表3-2**の通りです。先に書きましたが釧路市は将来、子どもが大幅に減るとし、その減少予測に基づいて、保育所を削減するとしています。その根拠に挙げたのが、**表3-2**に書いた20% 減少と27% 減少です。この数値がどこから導かれたのかはわかりませんが、多くの自治体では国立社会保障・人口問題研究所（以下「社人研」と略す）の将来人口推計を使っています。ちなみに社人研の予測値では釧路市の場合、25% 減少と26% 減少です。

　社人研の将来人口推計は5年ごとに実施される国勢調査の値をもとにしています。この推計は、過去5年間の生存率、移動率をもとに、将

表3-2　釧路市の将来人口予測値

	2015 年～2025 年	2025 年～2035 年
釧路市公共施設等適正化計画（2014 年 10 月）	－ 20%	－ 27%
国立社会保障・人口問題研究所推計（2013 年 3 月）	－ 25%	－ 26%
釧路市まち・ひと・しごと創生総合戦略（2015 年 12 月）	－ 11%	2%

注：「釧路市まち・ひと・しごと創生総合戦略」には 2020 年、2030 年、2040 年の予測値しか示されていない。そのため、2025 年の値は 2020 年と 2030 年の平均値とした。2035 年も同様。
出所：表3-2 に明記した資料から筆者作成。

来人口を推計したものです。つまり過去5年間と同じ状態で推移すれば、将来このような人口になってしまうという予測値です。多くの自治体はもしこのまま人口減少が続くと大変なことになるということを認識し、それを防ぐために、「人口ビジョン」「総合戦略」を作成しています。「人口ビジョン」には、社人研の予測だと将来、人口がどこまで減るかを示し、そうならないように出生率を引き上げ、転出率を下げる目標を定めます。そして、その目標を実現するために「総合戦略」を策定しています。

釧路市も2015年12月に「釧路市まち・ひと・しごと創生総合戦略」を作成しています。社人研予測では2040年、釧路市の人口は11万4000人まで減ってしまいます。そのような急激な人口減少を防ぐため、2040年には出生率を2.07まで引き上げ、2040年には転入を10％増やし、転出を10％減少させる目標を定めています。その目標が実現できますと2040年の人口は13万8000人になります。そこでこの目標を実現するため、地域経済の活性化をどう進めるか、子育て支援をどう充実させるかなどを計画したのが、先に書いた総合戦略です。

この総合戦略が実現できますと、子どもの人口がどう変化するかも釧路市は計算しています。それによりますと2015年に1万9386人だった子どもが、2030年に1万6988人まで減りますが、その後は増えだし、2040年には1万8470人、2050年には1万9083人と、2015年の水準近くまで戻ります。その増減率を示したのが表3-2の一番下の欄です。

「釧路市公共施設等適正化計画」は、人口減少に対して何らの少子化対策を実施せず、そのため大幅に子ども数が減ることを前提に、保育所を削減する計画となっています。正確に言うと、大幅な子ども数減少を実現するための計画になっています。このような計画を市が作成するのは論外です。そうではなく、総合戦略で自ら立てた目標をどう

実現するのかという公共施設等総合管理計画を作成しなければなりません。その前提となるのは自ら作成した人口ビジョンの目標です。釧路市の場合、2025年までに減るのは1割程度、その後は増加に転じるため、保育所を削減する必要性は全くありません。

少なくない自治体が公共施設等総合管理計画で社人研の将来人口予測をそのまま使っています。このような計画を進めることは、その予測値を実現することになります。社人研の予測値は重要ですが、政策の目標値として使うのは不適切です。

ちなみに釧路市は社人研の将来人口予測をもとに公共施設の削減面積を導いています。先にみたように2015年から2025年までに14歳以下の子どもは20%減るため、保育所を20%削減する。15歳から19歳の人口も20%減るため高校も20%削減するとしています。それ以外の年齢層は人口全体の減少率16%を削減するとしています。これはおかしなことです。社人研の予測値では、2015年から2025年の間に65歳以上高齢者は5%増えると予測されています。そうすると高齢者関係の公共施設は5%増やさなければ辻褄が合いません。結局、子どもは減少するため、子どもの減少率を使い、高齢者は増加するため、高齢者の数字を使わず、全体の減少率を高齢者施設に当てはめているわけです。公共施設全体を削減するために都合のいい数字を使っているだけです。

人口減少＝公共施設の削減にはならない

先に書きましたが佐野市は人口予測と財政予測の両面から公共施設面積25%削減を導いています。佐野市は社人研の予測値ではなく、「佐野市人口ビジョン」の数値を使っています。社人研の予測値では2060年で6万6891人、それに対して人口ビジョンでは8万5125人を目標としています。「市有施設等のあり方に関する基本方針」はこの人口ビ

ジョンの数値を使っていますが、それでも 30 年間で 22% の人口減となります。そこで財政予測も含め 30 年間で公共施設を 25% 削減するとしています。

人口ビジョンを使うことはいいことですが、人口ビジョンの数値でも将来人口が減ります。その場合は、公共施設を削減せざるを得ないのかどうかが問題となります。

公共施設は使いやすさが大切です。保育所や幼稚園、学校のように日常的に使う公共施設の場合、使いやすさの一つに家からの近さがあります。立派な施設であっても徒歩や自転車で気軽に利用できなければ、不便な施設になります。日常的に使う施設の場合、大きな施設を一箇所に作るよりも、小さな施設をたくさん作った方が使いやすくなります。

公共施設のあり方を考える場合、内容、量とともに分布が重要です。たとえば 100 人定員の保育所が 10 箇所あったとします。総定員は 1000 人です。今後、子どもの数が 600 人まで減るとします。その場合、1 箇所あたりの定員は 100 人のまま変化させず、施設数を 6 箇所に減らす方法があります。多くの市町村はこの方法を採用しています。しかしもう一つ、施設数は 10 箇所のまま変化させず、1 箇所の定員を 60 人に減らす方法もあります。市民の使いやすさを考えると後者の方が望ましいといえます。また少子化対策が進み、再び子どもが増えた場合、後者の場合ですと簡単に総定員を戻せます。保育所などの分布をどう考えればいいかは 5 章で説明しますが、定員を減らす方法は施設数の削減だけではありません。その点を念頭に置いて考えるべきです。

施設数を維持し、定員を減らす場合、一箇所当たりのコストは増えます。4 章でもみますが、地方で増えるこのようなコストは国全体で負担すべきものです。そうしなければ地方では子どもが減り続けます。

5 財政予測を口実とした公共施設削減にどう対応すべきか

公共施設の経費を減らす二つの方法

　津山市は将来人口予測と財政予測を踏まえ、先に見たように30年間で公共施設面積を30%以上削減するとしています。財政予測の方法ですが、まず最近5年間に使った公共施設の平均更新費用を24.14億円／1年としています。一方、今後30年間に必要となる更新費用ですが、耐用年数60年、同じ面積で建て替えた場合、36.4億円／1年必要になると試算しています。今後、財政的に厳しくなるため、最近5年間の平均更新費用しか確保できないと考えると、33.7%財源が不足するとしています。そこで更新する場合、公共施設面積を30%以上削減しなければならないと結論づけています。財政的根拠から公共施設面積を削減するとしている自治体は大体、津山市と同じような方法で根拠づけています。

　一般的に公共施設にかかる費用は、更新費と維持管理費に大きく分けられます（運営費は除きます）。更新費は、施設を建て替える費用と元の施設を除却する費用からなります。維持管理費は、更新費以外のすべてで、点検、日常的な修理、大規模修繕などからなります。

　日本はヨーロッパと比べ、公共施設を頻繁に建て替えています。そのため、一般的には更新費が大きくなっています。たとえば愛知県の場合、従来方式を続けると今後の30年間で総額が1兆6480億円、そのうち更新費は1兆6050億円（97%）、維持管理費は430億円（3%）と計算しています。

　更新費用を減らすためには、津山市のように建て替え後の面積を減らす方法と、建て替え期間を長くする方法があります。愛知県は従来方式では35年で建て替えるとしていましたが、長寿命化を図り65年

で建て替えるとしました。そうすると30年間の更新費用は3040億円（26％）、維持管理費は8460億円（74％）、総額は1兆1500億円となります（**図3-1**）。愛知県の場合、従来方式では35年で建て替えるとしていますが、これは少し短すぎると思います。従来方式では35年で建て替えるため大規模修繕が不要でしたが、65年で建て替える場合は、大規模修繕が必要となります。そのため、維持管理費が大幅に増えていますが、これはやや特殊です。ただ、同じ面積で建て替えても、建て替え期間を延ばせば、必要な経費を大幅に減らすことができます。

川崎市も同じように試算しています。建て替え期間は、市営住宅、学校、その他公共施設の三つに分けています。そして

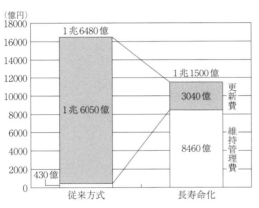

図3-1 長寿命化による経費削減効果（愛知県）
出所：「愛知県公共施設等統合管理計画」から筆者作成。

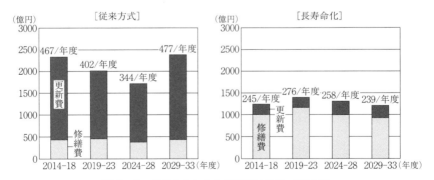

図3-2 長寿命化による経費削減効果（川崎市）
出所：「かわさき資産マネジメントカルテ」から筆者作成。

3章　地方行革による公立保育所、公立幼稚園の民営化・統廃合　　*79*

各々長寿命化を図ることで、50年から70年、45年から80年、35年から60年に延ばすとしています。その結果、従来方式ですと20年間の平均で年間423億円だった費用が、255億円まで削減できるとしています（**図3-2**）。**図3-2**をみると分かりますが、更新費が大幅に減り、維持管理費が増え、トータルでは約40% の削減になっています。

経費の削減は面積削減よりも更新期間の延長で対応すべき

公共施設の経費を減らす方法は二つあると書きました。一つは津山市のように更新時に面積を減らす方法です。ただし個々の施設面積を更新時に縮小することは稀です。面積を減らすと従来の機能が維持しにくくなるからです。そのため面積を減らすためには、たとえば3箇所あった公共施設を2箇所に減らすなど、施設数を減らして建て替えることが一般的です。この場合、身近な公共施設がなくなり、市民生活に大きな影響を与えます。

そこで財政的理由から公共施設の費用を減らさなければならない場合、面積を減らすのではなく、更新期間を延ばす方法をまず考えるべきです。三つあった公共施設を二つにすると市民生活に大きな影響を与えます。一方、公共施設の建て替え期間を60年から90年に延ばしても、市民生活にはさほど大きな問題をもたらしません。もちろん建て替え期間を延ばす場合、適切な維持管理をするのが大前提です。

公共施設を急いで建て替える必要は全くありません。適切な維持管理を行い、建て替え期間をできるだけ延ばし、長く使い続けるべきです。日本では早ければ30年、遅くても60年ぐらいの建て替え期間を想定していますが、100年以上使っても全く問題ありません。現在の建設技術では十分可能ですし、ヨーロッパでは100年以上使っている建物がたくさんあります。一般的に30% 面積を削減するより、更新期間を30年延ばす方が経費は大きく削減できます。財政的な制約がある

場合、市民生活に与える影響が小さく、経費削減効果が大きい、更新期間の延長をまず考えるべきです。

6　自治体戦略 2040 による新たな展開

サービス・プロバイダーからプラットフォーム・ビルダーへ

　総務省は自治体戦略 2040 構想研究会を設置し、2018 年 4 月に第一次報告、同年 7 月に第二次報告（最終報告）を出しました。現在は地方制度調査会でこの報告の具体化について議論しています。これは今後の自治体のあり方を展望したもので、この具体化が進みますと自治体に大きな影響が出ます。

　報告で示された一つ目の内容は、自治体の役割を変えることです。報告では自治体の役割を「サービス・プロバイダー」から「プラットフォーム・ビルダー」に変えるとしています。現在、自治体はさまざまな事業を展開しています。保育所や幼稚園、ゴミの収集、上下水道、公共交通やコミュニティバス、図書館、病院等々、さまざまなサービスを直接運営し、市民に提供しています。このような役割をサービス・プロバイダーと呼んでいます。

　このうち収益が見込めるものについては民間企業に任せ、収益が上がらないものについてはコミュニティに任せようとしています。その結果、サービスを提供するのは民間事業者であり、自治体はさまざまなサービスの基準を定め、利用のルールを決め、必要に応じて補助金を支給することが役割になります。このように民間事業者がサービス供給を行えるような仕組みを作ることをプラットフォーム・ビルダーと呼んでいます。自治体の役割を変えますと、公立保育所や公立幼稚園の存続が危ぶまれます。

フルセット型自治体から連携型自治体へ

　二つ目の内容は、自治体間の連携です。人口が減少するため、個々の自治体がさまざまな業務を展開するのが難しくなる。だから市町村が連携して行政サービスを維持しようとしています。また、地理的な理由からこれらの連携に加われない市町村は、都道府県との連携を想定しています。

　まず前者ですが、今は市町村が基礎自治体であり、公共施設、義務教育、福祉などは基礎自治体を単位として、整備、運営しています。市民生活に必要なさまざまな施策を展開しているためフルセット型自治体と呼んでいます。しかしこれからは人口が減るため、都道府県と市町村の間に圏域という新たな単位を創設し、圏域単位で行政サービスを展開すべきではないかという考えです。それを可能にするため現在、市町村が展開している行政サービスを圏域単位で進められるような制度改正を検討しています。この場合、圏域を構成する市町村は対等ではなく、中心市が圏域のマネジメントを中心的に担います。

　次に後者、地理的な理由で圏域に加われない市町村は都道府県との連携が検討されています。市町村が担ってきた一部の業務を都道府県が担うということです。

　現状であれば小さな市町村でも市民生活を支えるためにさまざまな業務を担うフルセット型自治体です。しかしこれからは中心市や都道府県に業務の一部を任せ、連携によって市民生活を支えるべきではないかとされています。具体的にどのような業務が圏域で進められるかはまだわかりませんが、第二次報告には「圏域単位での対応を避けては解決できない深刻な行政課題」として「公共施設、医療・福祉」が上がっています。保育が圏域で対応できる施策になると、市町村の保育実施義務が崩壊してしまいます。

参考文献

1　公共施設等総合管理計画については、総務省ウェブサイト「公共施設等総合管理計画」を参照。

2　将来人口予測については国立社会保障・人口問題研究所のウェブサイトを参照。

3　本章で取り上げた釧路市、佐野市、長門市、津山市、三豊市、愛知県、川崎市の各種計画については各々のウェブサイトを参照。

4　自治体戦略2040構想研究会報告については、総務省のウェブサイト「自治体戦略2040構想研究会」を参照。

5　公共施設等総合管理計画については、森裕之著『公共施設の再編を問う』自治体研究社、2016年2月。拙著『人口減少と公共施設の展望』自治体研究社、2017年2月を参照。

6　自治体戦略2040については、白藤博行・岡田知弘・平岡和久著『「自治体戦略2040構想」と地方自治』自治体研究社、2019年2月を参照。

4　章

政府の待機児童対策がもたらす問題と
待機児童解消のあり方

　保育所、幼稚園を大きく変える四つ目の制度政策は、政府が進める待機児童対策です。本章では、待機児童の全体的な状況と政府が進めてきた待機児童対策をまずみます。なぜ待機児童が解消できないのか、政府が計画する待機児童対策を進めるとどのような問題が引き起こされるのかを考えた上で、これから進めるべき待機児童対策のあり方を検討します。

1　待機児童の全国的状況

幼稚園、保育所等利用者数の変化

　まず2015年以降の幼稚園、保育所などの利用者数の変化をみます。0歳～2歳児の変化を見たのが**表4-1**です。保育所の利用者は1.7%の微減、認定こども園は138.9%の増加、地域型保育事業は204.8%と急増しています。

　2015年から2018年の3年間で0歳～2歳児は18万人減っています。一方、家庭で子どもをみていたお母さんが働きに出たため、利用率は29.7%から36.6%に上昇しています。児童数は5.8%の減少、利用率は6.9%の増加です。児童数の減少率よりも、利用率の増加率の方が大きいため、利用者は15万人増えています。

　3歳～5歳児の利用者数の変化をみたのが**表4-2**です。保育所は7.1%の減少、幼稚園は17.4%の減少、それに対して認定こども園は

表4－1 利用者数の変化（0歳～2歳）

（単位：人、%）

	2015	2016	2017	2018	増減数 （2015→2018）	増減率 （2015→2018）
保 育 所	814,054	810,207	810,393	800,617	-13,437	-1.7
認定こども園	83,258	124,953	164,170	198,925	115,667	138.9
地域型保育事業	23,528	39,896	56,923	71,719	48,191	204.8
利用者合計	920,840	975,056	1,031,486	1,071,261	150,421	16.3
全 児 童 数	3,103,000	3,006,100	2,936,000	2,923,000	-180,000	-5.8
利 用 率	29.7	32.4	35.1	36.6		6.9

注：1　利用者数は4月1日時点、全児童数は10月1日時点。
　　2　認定こども園の利用者は保育所の利用者に含めていない。
　　3　利用率は、利用者合計／全児童数で%。
　　4　「保育所等関連状況とりまとめ」に記載されている地域型保育事業の利用者数はすべて0歳
　　　～2歳として計算した。
出所：厚生労働省「保育所等関連状況とりまとめ」、内閣府「認定こども園に関する状況について」、
　　　総務省統計局「人口推計」から筆者作成。

表4－2 利用者数の変化（3歳～5歳）

（単位：人、%）

	2015	2016	2017	2018	増減数 （2015→2018）	増減率 （2015→2018）
保 育 所	1,319,289	1,285,287	1,245,131	1,225,870	-93,419	-7.1
幼 稚 園	1,341,203	1,263,099	1,184,285	1,107,604	-233,599	-17.4
認定こども園	307,712	419,094	525,611	607,696	299,984	97.5
利用者合計	2,968,204	2,967,480	2,955,027	2,941,170	-27,034	-0.9
全 児 童 数	3,155,000	3,156,200	3,073,000	3,003,000	-152,000	-4.8
利 用 率	94.1	94	96.2	97.9		3.8

注：1　保育所、認定こども園の利用者数は4月1日時点、幼稚園の利用者数は5月1日時点、全
　　　児童数は10月1日時点。
　　2　認定こども園の利用者は保育所、幼稚園の利用者に含めていない。
　　3　利用率は、利用者合計／全児童数で%。
出所：厚生労働省「保育所等関連状況とりまとめ」、内閣府「認定こども園に関する状況について」、
　　　文部科学省「学校基本調査」、総務省統計局「人口推計」から筆者作成。

97.5%増で、ほぼ倍増です。

　3年間で3歳～5歳児は15万人減っています。減少率は4.8%です。
一方、家庭で子どもをみていたお母さんが働きに出たため利用率は3.8

4章　政府の待機児童対策がもたらす問題と待機児童解消のあり方　　*85*

表4-3　全児童数、利用率、利用者数の関係

| 0歳～2歳 | 全児童数の減少率＜利用率の増加率 | 利用者数増加 |
| 3歳～5歳 | 全児童数の減少率＞利用率の増加率 | 利用者数減少 |

出所：筆者作成。

％の増加です。0歳～2歳とは異なり児童数の減少率よりも利用率の増加率の方が小さいため、利用者は3万人減っています。

　0歳～2歳、3歳～5歳の違いを示したのが**表4-3**です。0歳～2歳、3歳～5歳とも全児童数は減少し、利用率は増加しています。ただし、0歳～2歳は後者の増加率の方が大きく、3歳～5歳は前者の減少率の方が大きくなっています。そのため利用者数をみますと、0歳～2歳は増加、3歳～5歳は減少になります。

待機児童数の変化

　2013年4月、政府は「待機児童解消加速化プラン」を策定しました。2013年度、2014年度の2年間で保育所等の定員を20万人増加させ、2015年度～2017年度の3年間でさらに20万人増加させ、5年間で定員を40万人増加させる計画です。そして2017年度末には待機児童を解消するとしました。

　2015年に「待機児童加速化プラン」を修正し、40万人の定員増を50万人増に上積みしました。内訳は自治体の取り組みが48.3万人、国の取り組み（企業主導型保育事業）で5万人です。

　その実績をみたのが**表4-4**です。2017年度までに50万増やす目標に対して、実績は53万5429人の増加です。定員だけをみると超過達成です。

　その間の待機児童数の変化をみたのが**表4-5**です。2017年4月までは待機児童はむしろ増加傾向です。2018年4月で待機児童は大幅に減っていますが、2013年4月から2018年4月までの5年間で12.5％

表 4 - 4　待機児童解消加速化プランの実績

（単位：人）

	2013	2014	2015	2016	2017	合計
市町村拡大量	72,430	147,233	94,585	93,055	68,423	475,726
企業主導型保育拡大量				20,284	39,419	59,703
合　計	219,663		315,766			535,429

出所：厚生労働省「待機児童解消に向けた取組の状況について」から筆者作成。

表 4 - 5　待機児童数の変化

（単位：人、%）

	2013	2014	2015	2016	2017	2018	減少率（2013→2018）
0 歳～2 歳	18,656	18,062	19,902	20,446	23,114	17,626	-5.5
3 歳～5 歳	4,085	3,309	3,265	3,107	2,967	2,269	-44.5
合　計	22,741	21,371	23,167	23,553	26,081	19,895	-12.5

注：待機児童数は 4 月 1 日時点。
出所：厚生労働省「保育所関連状況とりまとめ」から筆者作成。

しか減っていません。年齢別に見ますと、3 歳～5 歳については 44.5%
減少していますが、0 歳～2 歳については 5.5% しか減少していません。

なぜ定員充足率が低下しているのか

　表 4 - 6 は保育所等の定員、利用者数、定員充足率をみたものです。
2015 年で［定員—利用者数］が 13 万人。全国的にみると定員が埋ま
っておらず空いています。その後、定員、利用者数とも増え続けます
が、定員の増え方の方が大きく、2018 年で［定員—利用者数］は 18
万人に増えています。その結果、定員充足率は 2015 年の 94.7% から、
2018 年の 93.4% まで下がり続けています。

　保育所等に入れない子どもが存在しているにもかかわらず、保育所
等の定員充足率は低下しています。なぜこのようなことが起こってい
るのでしょうか。以下の二点の理由が考えられます。

　一つ目の理由は、首都圏への一極集中、地方では県庁所在地などへ
の集中です。表 4 - 7 は首都圏とそれ以外の保育所等の定員、利用者数

4章　政府の待機児童対策がもたらす問題と待機児童解消のあり方　*87*

表4-6　保育所等定員充足率の変化

(単位：人、％)

	2015	2016	2017	2018	増加数	増加率
定　員	2,506,879	2,604,210	2,703,355	2,800,579	293,700	11.7
利 用 者 数	2,373,614	2,458,607	2,546,669	2,614,405	240,791	10.1
定員－利用者	133,265	145,603	156,686	186,174	52,909	1.6
定員充足率	94.7	94.4	94.2	93.4		

注：1　人数は4月1日時点。
　　2　保育所等には、認定こども園、地域型保育事業を含む。
出所：厚生労働省「保育所等関連情報とりまとめ」から筆者作成。

表4-7　地域別保育所等の定員、利用者数など

(単位：人、％)

	定員	割合	利用者数	割合	定員充足率
首　都　圏	672,707	24	646,921	24.7	96.2
首都圏以外	2,127,872	76	1,967,484	75.3	92.5
全　　　国	2,800,579	100	2,614,405	100	93.4

注：1　保育所等には、認定こども園、地域型保育事業を含む。
　　2　首都圏は、東京都、埼玉県、千葉県、神奈川県。
　　3　2018年4月1日時点。
出所：厚生労働所「保育所等関連状況とりまとめ」から筆者作成。

をみたものです。2018年4月時点で保育所等の利用者のうち4人に一人は首都圏です。首都圏への集中傾向は顕著で、2015年から2018年の3年間で、保育所等で増えた新たな定員の42.5％は首都圏、増えた利用者の44.1％は首都圏です（**表4-8**）。

　首都圏や大都市部に子どもが集中し、定員も増えていますが、利用希望者の増加に追いつかず、待機児童がなかなか解消されません。ところが地方では、子どもが減り空き定員が拡大し、定員充足率が低下しています。2018年4月時点で

表4-8　地域別保育所等の定員、利用者数の増減（2015年→2018年）

(単位：人、％)

	定員	割合	利用者数	割合
首　都　圏	138,403	42.5	125,023	44.1
首都圏以外	187,622	57.5	158,724	55.9
全　　　国	326,025	100	283,747	100

注、出所は表4-7と同じ。

表 4 - 9　施設別定員及び定員充足率

（単位：人、%）

	定　員	利用者数	定員充足率
保　育　所	2,231,144	2,088,406	93.6
幼保連携型認定こども園	440,147	417,194	94.8
幼稚園型認定こども園	42,724	37,086	86.8
地域型保育事業	86,564	71,719	82.9
企業主導型保育事業	98,520	59,703	60.6

注：1　保育所には保育所型認定こども園を含む。
　　2　企業主導型保育事業の定員充足率は 2018 年 3 月時点、それ以
　　　外は 2018 年 4 月時点。
出所：厚生労働省「保育所関連状況とりまとめ」、企業主導型保育事
　　　業の円滑な実施に向けた検討委員会提出資料「平成 29 年度企
　　　業主導型保育施設〜定員に対する利用者数の状況について」
　　　（2019 年 1 月）及び「企業主導型保育事業の円滑な実施に向け
　　　た検討委員会報告（案）」（2019 年 3 月）から筆者作成。

定員充足率が 90% を下回っている県が 16 県あります（秋田県、新潟県、富山県、石川県、福井県、山梨県、長野県、岐阜県、愛知県、三重県、和歌山県、鳥取県、広島県、徳島県、愛媛県、高知県）。最も低いのは長野県で 82.2% です。ちなみに首都圏の定員充足率は 96.2% です。首都圏や大都市では待機児童が溢れ、地方では空き定員が拡大するという非常に非効率なことが生じています。

　二つ目の理由は、小規模保育事業、企業主導型保育事業によって待機児童の解消を図ろうとしているからです。**表 4 - 9** は施設、事業別の定員充足率をみたものです。幼保連携型認定こども園は 94.8%、保育所は 93.6% と高くなっています。それに対して、地域型保育事業は 82.9% と 10% 以上低く、企業主導型保育事業は 60.6% で定員の 6 割しか利用していません。

　保育所、認定こども園は定員充足率が高いのに対し、地域型保育事業さらに企業主導型保育事業では定員充足率がかなり低くなっています。とくに待機児童が多い都市部では、小規模保育事業や企業主導型

保育事業を急速に増やしたため、定員充足率が低下しだしたと考えられます。現行の待機児童解消策が、待機児童解消には直結せず、空き定員を増やしつづけるという非効率な結果を招いています。

2　政府が進める待機児童対策の問題点

子育て安心プラン

　2013年度〜2017年度まで「待機児童解消加速化プラン」を進め、目標値は達成しましたが、待機児童は解消できませんでした。そこで2018年度から2022年度まで新たな待機児童対策である「子育て安心プラン」が始まりました（2017年6月策定）。

　計画によると、2018年度と2019年度で定員を22万人増やし、待機児童を解消するとしています。そして、2020年度以降も待機児童ゼロを維持しながら、2020年度〜2022年度の3年間でさらに10万人の定員を増やすとしています。この理由は以下のように説明されています。2016年4月時点で25歳〜44歳の女性の就業率は72.7%です。これを2022年度末には80%に引き上げ、M字型を解消し、人手不足の解消につなげます。そのためには合計で32万人の定員増が必要というわけです。

　その後2017年12月に、32万人増を2020年度末までに2年前倒しで実現する計画に変更されました。

　子育て安心プランの内容は、保育の受け皿（定員）の拡大、保育人材確保、保護者支援、保育の質の確保、安定財源の確保、働き方改革などです。保育の受け皿拡大では、都市部の1歳〜2歳を重点にしています。具体的な方法は、小規模保育事業、企業主導型保育事業、家庭的保育事業の促進、幼稚園における2歳児の受け入れ拡大などです。都市公園の活用、民間企業の遊休地の活用などいろいろと書かれてい

ますが、基本的には待機児童解消加速化プランの延長といえます。

保育の質の確保は、「保育の受け皿拡大と車の両輪」としていますが、内容的には認可外保育施設の認可保育園等への移行促進、事故防止の取り組み強化などです。

小規模保育事業

待機児童加速化プラン、子育て安心プランで重視されている小規模保育事業について簡単に触れておきます。この事業は2015年4月の新制度とともに始まった新たな事業です。地域型保育事業には、小規模保育事業、家庭的保育事業、居宅訪問型保育事業、事業所内保育事業の4種類あり、その一つです。地域型保育事業は児童福祉法第24条第2項に位置づけられています。

2016年4月1日時点で地域型保育事業の事業数は3719件、うち小規模保育事業が2429件、65％を占めています。地域型保育事業の中心は小規模保育事業と考えていいでしょう。2018年4月時点で地域型保育事業は5814件になっています。その内訳はわかりませんが、小規模保育事業が4000件以上あると思われます。

小規模保育事業は、基本的には0歳〜2歳の子どもを対象とし、定員は6人〜19人です。Ａ型、Ｂ型、Ｃ型の3種類あり、大きく異なるのは保育者の要件です。Ａ型は保育所と同様で保育者は全員、保育士の資格が必要です。それに対してＣ型は家庭的保育者でよいとされています。保育士資格がなくても研修を受ければ家庭的保育者になれます。Ｃ型の場合、保育者全員が家庭的保育者でよいとされており、保育士なしで小規模保育事業を運営できます。Ｂ型はＡ型とＣ型の中間で保育者の2分の1以上が保育士であればよいとされています。小規模保育事業の導入で、保育士資格なしでも保育に携わることができるようになりました。

4章　政府の待機児童対策がもたらす問題と待機児童解消のあり方　　*91*

表 4 - 10　地域型保育事業の概要

事業類型		職員数	職員資格	定　員
小規模保育事業	A 型	保育所の配置基準 + 1 名	保育士 *1	6〜19 人
	B 型	保育所の配置基準 + 1 名	1/2 以上が保育士 *1 保育士以外には研修を実施	6〜19 人
	C 型	0〜2 歳児　3：1 （補助者を置く場合、5：2）	家庭的保育者 *2	6〜19 人
家　庭　的 保　育　事　業		0〜2 歳児　3：1 （家庭的保育補助者を置く場合、5：2）	家庭的保育者 *2 （+ 家庭的保育補助者）	1〜5 人
事　業　所　内 保　育　事　業		定員 20 名以上：保育所の基準と同様 定員 19 名以下：小規模保育事業A型、B型の基準と同様		
居 宅 訪 問 型 保　育　事　業		0〜2 歳児　1：1	必要な研修を終了し、保育士、保育士と同等以上の知識及び経験を有すると市町村長が認める者	

【参考】

保　育　所	0 歳児　　　3：1 1・2 歳児　6：1	保育士 *1	20 人以上

注：1　保育士、看護師または准看護師の特例を設けている（2015 年 4 月 1 日からは准看護師も対象）。
　　2　市町村長が行う研修を修了した保育士、保育士と同等以上の知識および経験を有すると市町村長が認める者とする。
出所：内閣府・文部科学省・厚生労働省「子ども・子育て支援新制度　ハンドブック［改訂版］」2015 年 7 月から筆者作成。

企業主導型保育事業

　小規模保育事業と同時に重視されている企業主導型保育事業についてみておきます。企業主導型保育事業は 2016 年度からスタートした新たな事業で、それまでの事業所内保育事業を発展させたものです。主として企業が、自社の従業員向けに保育事業を展開します。そのため、労働時間に応じた保育、たとえば休日、夜間などに柔軟に対応できるとしています。一社でなく複数企業が協力して設置することもできます。企業主導型保育事業の運営費は、事業主拠出金を財源とし、小規

模保育事業と同じ額が保障されます。また、従業員の子ども以外に地域の子どもも受け入れ可です。ただし地域の子どもは定員の半分以下にしなければなりません。

　2017年度末時点で助成が決まった企業主導型保育事業は2597施設、定員は5万9703人です。待機児童解消加速化プランでは2016年、2017年度の2年間で新たに22万1181人の定員を増やしましたが、そのうち企業主導型保育事業が27%を占めています。子育て安心プランでは、新たに整備する32万人のうち6万人（18.8%）を企業主導型保育事業としています。

　企業主導型保育事業ですが設置企業規模別にみますと、大企業が45.7%、中小企業が54.3%です。定員規模別では40人以上が10.3%、20人～40人は19.6%、20人未満が70%です。

　保育の実施については市町村がさまざまな形で関与しています。ところが企業主導型保育事業は、市町村に関係なく、国が直接、整備を進めます。保育所等を開設する場合、市町村とさまざまな打ち合わせが必要ですが、企業主導型保育事業の場合、そのような市町村との打ち合わせは不要であり、市町村はいつ、どこに、どのような企業主導型保育事業が開設するかなど、ほとんど把握していません。

　保育士資格については小規模保育事業B型と同じで、保育士が半数以上いれば運営できます。

量的拡大が質的低下をもたらす

　小規模保育事業、企業主導型保育事業を中心的に活用して待機児童解消を進めることがどのような問題をもたらすでしょうか。

　まずこれらの事業は規制緩和型であり、保育の質を低下させる可能性が高いということです。とくに問題なのは保育士資格がなくても保育に従事できるという点です。子育て安心プランでも、保育の定員拡

大と保育の質の確保を、車の両輪としています。ところが、小規模保育事業、企業主導型保育事業は保育士資格なしでも保育に従事できます。「企業主導型保育事業の円滑な実施に向けた検討委員会報告書（案）」（以下「報告書」と略す）でも、「待機児童対策へ貢献すべく量的拡充に重きを置く一方…（中略）…保育の質の視点が不足しているのではないか」と指摘されています。報告書では、企業主導型保育事業の今後の方向性の中で「定員20名以上の施設は、保育士の割合を75%以上に引き上げるべきである」と提案しています。ただし、それでも25%までは保育士資格が不要であり、また定員20人以上の施設は全体の30%程度しかないため、抜本的な改善にはなりません。

　小規模保育事業のB型、C型についても、保育士資格がなくても保育に携われます。保育士資格があれば問題ないというわけではありません。しかし、保育者にとって必要なことを学び、基礎的な技術を身に付けておくことは、子どもの発達にかかわる保育者にとって必修でしょう。保育士養成課程は大学、短期大学、専門学校に置かれ、2年以上かけて学びます。それに対して家庭的保育者の場合、未経験であっても2か月以内の研修で取得できます。子どもの発達にかかわる専門家であるため、保育士資格は必修とすべきです。

　保育所や認定こども園で保育に携わる保育者は全員、保育士資格が必要です。同じ2号認定、3号認定の子どもでも、保育所や認定こども園を利用すれば保育士が提供する保育を受けることができ、小規模保育事業や企業主導型保育事業に通えば保育士資格のない保育者から保育を受けるというのは、平等性という点からみて疑問です。

　待機児童の解消は緊急の課題です。しかし、量的拡大が質的低下を伴うのであれば大きな問題です。子どもは保育を受ける場所を選ぶことができません。どこの施設、事業であっても、適切な保育が保障されなければなりません。政府が待機児童対策で重視している小規模保

育事業、企業主導型保育事業では、質的低下が懸念され、この点が問題です。

量的拡大が待機児童の解消につながらない

2018 年 4 月時点の待機児童が 1 万 9895 人なので、18 万人分の定員が空いていれば待機児童は簡単に解消できそうです。一般的には待機児童が解消しない原因を、保育所などを整備しても女性の就業率が上がり続けているため、必要数になかなか追いつかないと説明されています。はたしてそうでしょうか。子どもが増えている地域ではそのような指摘が当たるかもしれませんが、全体的にみるとこの指摘が妥当だとは思えません。

政府が進めている待機児童解消で、量的には定員が増えていますが、それが必ずしも利用者のニーズに合致していないと判断できます。そのようなミスマッチが生じている大きな原因は、定員増のかなりの部分を小規模保育事業、企業主導型保育事業に頼っているからです。小規模保育事業運営主体の 30% は企業、企業主導型保育事業はほぼ 100% 企業運営です。地域の待機児童解消よりも、収益、自社の都合を優先させます。その結果、これらは地域的に偏在しているか、利用者のニーズに合っていない可能性が高いと考えられます。

保育所を新たに開設する場合、市町村は定員が不足している地域を調べ、その地域に新たな保育所を整備するようにします。しかし小規模保育事業の多くは駅前及び駅周辺のビルに整備され、企業主導型保育事業は地域のニーズとは関係なく設置されます。もともとは規模の小さい事業であり、不足している地域に効率的に整備できそうだと思われましたが、実際は駅前などに集中立地したり、地域の実情とは関係なく整備されているため、かえって非効率になっていると思われます。

4章　政府の待機児童対策がもたらす問題と待機児童解消のあり方　　95

　また、先にみたように小規模保育事業や企業主導型保育事業は質に関する懸念があるため、保護者が希望しないという面もあります。
　小規模保育事業や企業主導型保育事業を中心に量的な整備を進める場合、地域の実情、保護者のニーズに合った計画的な整備が難しいため、整備したものの利用されないという非効率な事態を招き、限られた財源を浪費するという事態が生じます。

政府の待機児童対策が保育の産業化と
児童福祉法第24条第1項の空洞化を進める

　待機児童の解消は国民的な課題です。ところが、政府が進める待機児童対策は、小規模保育事業や企業主導型保育事業を中心に進めるものです。先にみましたがこれらの運営主体はほかの施設、事業と比べて企業が多く、このような待機児童対策を進めれば進めるほど、保育の産業化が進みます。
　また小規模保育事業は児童福祉法第24条第2項に位置づけられる事業であり、保育所と比べると市町村とのかかわりが少なくなっています。企業主導型保育事業は市町村とのかかわりがほとんどありません。そのため、これらの事業が増えれば、市町村と保育との関係がますます希薄になります。
　21頁でみましたが、政府が進める待機児童対策は、新制度で掲げた民間への開放、児童福祉法第24条第1項の空洞化をさらに進めるものです。政府の待機児童対策の基本は、待機児童対策によって女性の就業率を引き上げ、新制度をさらに進めるものです。このような待機児童対策には反対し、市民と子どもにとって必要な待機児童対策を求めるべきです。

3　待機児童対策のあり方

3 歳〜5 歳は児童数減少に伴い待機児童も解消

　子育て安心プランでは 2020 年度末までに 32 万人の定員増を図るとしています。そこで 2021 年 4 月 1 日時点で考えます。2018 年 4 月 1 日時点で 3 歳〜5 歳の全児童数は 300 万 3000 人です。2018 年 4 月 1 日時点の 0 歳〜2 歳児は 292 万 3000 人です。この子どもたちがそのまま大きくなったとしたら、2021 年 4 月 1 日時点の 3 歳〜5 歳児は 292 万 3000 人になります。3 歳〜5 歳児の 2018 年の利用率は 97.9% です。無償化によって利用率が 99% になったとしたら利用者は 289 万 4000 人です。3 歳〜5 歳については 3 年間で 8 万人、児童が減ります。そのため、利用率が 99% まで上がったとしても、利用者数は 4 万 7000 人程度減ります。

　幼稚園の認定こども園化が今よりも進むこと、無償化とともに実質的な 2 号認定の子どもが幼稚園＋預かり保育を利用するようになることなどを考えますと、3 歳〜5 歳児の待機児童は一部の地域を除き、ほぼ解消に向かうと思われます。蛇足ですが、3 歳〜5 歳の待機児童が解消に向かうのは、政策の成果ではなく、少子化政策の失敗で児童数が減るためです。

待機児童対策としての預かり保育は避けるべき

　もともと幼稚園の預かり保育は、標準時間の 4 時間終了後、短時間子どもを預かる制度でした。ところが働くお母さんが増えるにつれ、そのようなお母さんのニーズに対応するようになり、長時間の預かり保育、夏季休業中の預かり保育など、預かり保育の拡充が進みました。そして 2 章でみましたが、無償化とともに、実質的に 2 号認定の子ど

もが幼稚園で預かり保育を受けた場合、無償化の対象になります。

　幼稚園の預かり保育は2号認定の子どもの受け皿になっており、政府は今後もそれを進めようとしていますが、預かり保育の基準には大きな問題があります。職員配置、面積などは保育所と同じですが、職員の資格が保育所、認定こども園とは大きく異なります。2015年4月から新制度が始まり、新制度の下で幼稚園が行う預かり保育は、「一時預かり事業（幼稚園型）」になりました。保育所、幼稚園、認定こども園では、幼稚園教諭もしくは保育教諭、保育士でなければ教育、保育を担当できません。ところが預かり保育を担当する職員は2分の1以上の職員が幼稚園教諭か保育士であればよいとしました。さらに、2016年度からは3分の1以上に緩和しました。

　2号認定の子どもが認定こども園もしくは保育所で午後に保育を受ける場合、有資格者から保育を受けます。ところが幼稚園の預かり保育を利用する場合は、資格のない人から保育を受けることになります。

　子育て安心プランでも幼稚園における預かり保育、2歳児受け入れを進めるとしていますが、これらは保育所、認定こども園に比べると、保育環境、保育内容に問題があります。規制緩和によって待機児童の解消を進めるのではなく、幼稚園に空き定員があり、働くお母さんが増えているのであれば、認定こども園化を図り、規制緩和に頼らない方法で待機児童解消に貢献すべきです。

待機児童対策の中心は0歳〜2歳

　2017年時点で、25歳から44歳の女性の就業率は74.3％です。先に説明しましたが、政府は子育て安心プランで2020年度末までに就業率80％に対応するため、保育所などの定員を32万人増やすとしています。子育て安心プランで示された2021年の利用者数は125万2238人、定員は133万7294人のため、数的には待機児童が解消できます。これ

に企業主導型保育事業が加わります。ただ、先にみたように現時点でも定員が利用者数を上回ていますが、待機児童は解消できていません。そのため実際に待機児童の解消が進むかどうかは、以下の点が重要です。

一つ目は、先に述べた地域的な偏在です。首都圏や大都市中心部への集中がひどくなるのか、改善されるのかで状況が変わります。

二つ目は、小規模保育事業、企業主導型保育事業で効率的にニーズに対応できるかどうかです。これらで定員を増やしても、質的な面、立地的な面で利用者のニーズに合致しなければ、定員充足率が下がるだけで、待機児童の解消にはつながりません。

三つ目は、2021年の利用率が50%程度にとどまるのかどうかです。企業主導型保育事業を除きますと、2018年の利用率は36.6%です。2021年ですが企業主導型保育事業の利用者を含めますと利用率は50%程度になると思われます。政府は25歳から44歳の女性の就業率を80%と想定していますが、同じぐらいの就業率であるスウェーデンでは2歳児の利用率が80%になっています。もし、利用率が政府の想定以上に上がりますと、待機児童の解消は困難です。

公立幼稚園の認定こども園化

0歳～2歳の定員増が重要ですが、小規模保育事業や企業主導型保育事業ではなく、保育所、幼稚園、認定こども園を中心に定員増を進めるべきです。その理由ですが、量的拡充と質的充実を両立させることが重要であり、規制緩和型の事業は活用すべきでないからです。また、5章で説明しますが、定員はコミュニティ単位で確保すべきであり、市内の空いているビルを活用するなどという方策は望ましくないからです。

保育所、認定こども園の場合、一般的には3歳～5歳の定員が半数

4章　政府の待機児童対策がもたらす問題と待機児童解消のあり方　　*99*

表4−11　幼稚園の定員充足率

(単位：人、％)

	園数	収容定員	在園者数	定員充足率
幼　稚　園	10,474	1,881,981	1,207,884	64.2
公立幼稚園	3,737	440,545	186,762	42.4
私立幼稚園	6,688	1,435,429	1,015,792	70.8

注：2018年5月1日時点。
出所：文部科学省「学校基本調査」から筆者作成。

以上です。ごく一部の地域を除きますと3歳〜5歳は定員が過剰になるため、保育所、認定こども園の新設は例外的に考えた方がいいでしょう。もちろん3歳〜5歳の2号定員も長期的に不足すると予測され、かつ幼稚園の空き定員があまりない地域では、保育所整備が考えられます。そうでなく1号、2号の総定員が3歳〜5歳の児童数を上回る地域でさらに2号定員を増やすことは、財源の有効利用という点からみて慎重にすべきです。そのような方針は空き定員が増え続ける幼稚園をどうすべきかという幼稚園政策の欠落でもあります。

　また、保育所や認定こども園で3歳〜5歳の空き定員を0歳〜2歳に振り替えることも考えられますが、**表4−9**でみたようにこれらの施設の定員充足率は高く、その可能性も限定的でしょう。

　そこで重要になるのは幼稚園です。幼稚園の利用者は減り続けていますが、今後もその傾向が続くと思われます。幼稚園は認定こども園に替わり2号認定の子どもを受け入れ始めていますが、幼稚園のまま存続しているところもあります。そのような幼稚園は定員充足率がかなり低くなっています。**表4−11**は幼稚園の定員充足率をみたものですが、全体で64.2％、公立幼稚園の充足率は42.4％になっています。

　公立幼稚園は空間的なゆとりが大きいこと、かつては小学校区単位で設置されたことなどを踏まえますと、公立幼稚園の認定こども園化を進め、待機児童解消を考えるべきです。その場合、3号認定の受け

入れを優先すべきです。仮に公立幼稚園の3分の1の園で0歳〜2歳児を20名ずつ受け入れたら、2万5000人程度の受け入れが可能になります。公立幼稚園は地域に分散しており、認定こども園化を図ることで一定の質が担保できれば、待機児童解消の有効な方策になります。

　公立幼稚園は行政の施設です。公立幼稚園の在籍児童が減ったらただちに統廃合を考えるのではなく、地域に待機児童が存在する場合、待機児童解消という地域課題解決に貢献すべきです。新たな敷地の確保は不要であり、空間の有効利用につながります。もちろん、耐震改修が遅れている場合は、きちんとした耐震改修が前提になります。認定こども園についてはさまざまな問題が指摘されています。その点については5章で考えます。また、認定こども園化を進める場合、利用者に対する丁寧な説明が必修です。ちなみに認定こども園は児童福祉法第24条第2項に該当する施設ですが、公立であれば市町村は保育所と同じ関わり方ができます。

　東京都には公立幼稚園が171園あります（2018年5月1日時点、以下同様）。収容定員は1万7992人で、在籍児童数は1万2268人、定員充足率は68.2%です。空き定員が5724人ありますから、これを0歳〜2歳児に振り替えることができれば、待機児童解消に大きく寄与できます。ちなみに東京都の2018年4月1日時点の待機児童数は5414人です。

小規模保育事業A型の活用

　小規模保育事業にはA型、B型、C型の3種類あると書きました。そのうちA型は従来の分園に相当するものであり、保育者は全員保育士資格を持っていなければなりません。0歳〜2歳児の定員を拡充する場合、このA型の活用も考えたらいいでしょう。ただし、以下の点には留意すべきです。

一つ目は、3歳以上との連携です。日本では0歳児から5歳児までの一貫した保育が重視されてきました。この考えを発展させるためには、小規模保育事業と連携する保育所、認定こども園との関係が重要になります。A型を使う子どもが日常的に3歳児以上の子どもと関われるように配慮すべきです。

二つ目は、開設場所に関する市町村との連携です。待機児童解消を進めるためにはコミュニティ単位での定員確保が必要です。駅前の空きビルなどにたくさん開設しても利用者のニーズに合いません。定員確保が急がれる地域を市町村が明確化し、その地域にA型を開設するようにしなければなりません。住宅地の場合、今は定員が不足していても、長期的には需要が見込めない地域もあります。その場合、民間による設置運営は難しく、公立で設置し、需要が減れば廃止すればいいでしょう。公立であれば、需要縮小に伴う廃止が無理なくできます。

三つ目は、質の確保です。小規模保育事業の場合、保育所や幼稚園のように単体で施設を整備することはほとんどありません。同じ3号認定の子どもであるにもかかわらず、保育所に通う子どもには園庭やホールが保障され、A型に通う子どもにはそれらが保障されないというのは公平性に反します。連携する保育所や認定こども園に限定せず、近隣の公共施設などを使えるようにし、できる限り保育所の子どもたちと同じような保育環境を保障すべきです。

東京一極集中の是正を保育政策として進める

表4-8でみたように2015年から2018年の3年間で増えた利用者の44.1%は首都圏（1都3県）です。定員充足率をみても首都圏とそれ以外の地域で顕著に異なっています。首都圏で開発が進み、若者が集中し、子どもが増え、保育所が不足しています。首都圏で生じている待機児童対策を進めるのは当然です。

地方では、若者が転出し、子どもが減り、保育所の廃止、統廃合が進んでいます。子どもが減っている地域で保育所の統廃合を進めますと、家の近くの保育所がなくなり、子育てしにくい地域になり、若者の転出につながります。「子どもの減少→保育所の統廃合→子育てしにくい地域→若者の転出→子どもの減少」という悪循環にはまります。

子どもが増えている地域で保育予算を増やし、子どもが減っている地域では保育予算を減らす、というのは当たり前のように思いがちです。ところが、この考えで保育施策を進めますと、首都圏ではいつまでたっても保育所が不足、地方では保育所の統廃合がいつまでたっても止まらないということになり、保育政策が東京一極集中を促進することになります。

ここで重要なのは、地方で子どもが減っても簡単に保育所の統廃合を進めないということです。子どもが減っても保育所を地域で維持すると同時に、地域の複数の保育所等が連携し適切な子ども集団を確保すべきです。そうすることで人口が減っても子育てしやすい地方を維持することができ、保育施策を通じて若者の首都圏への一極集中を防ぐことができます。

このような施策を展開するためにはコストがかかります。しかしこのようなコストは首都圏への一極集中を防ぎ、地方を維持するために、国全体で負担すべきでしょう。現状でも東京に集中する保育需要に対して、国全体で財源を保証しているわけですから、同じことを地方でも展開すべきです。

参考文献

1 待機児童対策については、内閣府のウェブサイト「子ども・子育て本部」、「企業主導型保育事業の円滑な実施に向けた検討委員会」、厚生労働省のウェブサイト「保育関係」を参照。

2 本章で利用した統計は以下の通り。
　文部科学省「学校基本調査」、厚生労働省「保育所等関連状況とりまとめ」、内閣府「認定こども園に関する状況について」、総務省統計局「人口推計」。
3 将来人口予測については、国立社会保障・人口問題研究所のウェブサイトを参照。
4 保育の利用率推計の妥当性については以下の文献が参考になる。山重慎二著「新制度の課題と改善策—保育サービス需給と財源の問題を中心に—」『社会保障研究 Vol.3、No.2』2018 年 9 月。

5　章

どのような保育を展望すべきか

1　政府、自治体が進める保育制度「改革」の全体像

「改革」を進める四つの制度政策と四つの方向

　今までみてきたように保育所、幼稚園に大きな影響を与える制度政策は新制度（1章）、無償化（2章）、地方行革（3章）、待機児童対策（4章）の四つです。この四つが具体的な制度政策ですが、これら四つが目指している方向を整理しておきます。

　まず一つ目の方向は、市町村の役割を縮小することです。この内容は二つあります。一つは市町村の保育実施義務をなくし、市町村の役割を制度の運営に限定させることです。これは1章でみましたが市町村の役割を児童福祉法第24条第1項から第2項に変えることです。もう一つは公立保育所や公立幼稚園を減らし、施設、事業の供給を民間中心にすることです。もちろん両者は不可分一体のものです。この前者を進める中心的な制度政策が新制度であり、後者を進める中心的な制度政策が地方行革（公共施設等総合管理計画）になります。また無償化も後者に大きく関与します。

　二つ目の方向は、保育を企業の収益源に変えることです。保育の産業化と呼べるでしょう。収益源にする対象は0歳〜2歳児で、小規模保育事業、企業主導型保育事業が中心です。この仕組みを作ったのが新制度で、待機児童対策を進めることでこの方向を後押ししようとし

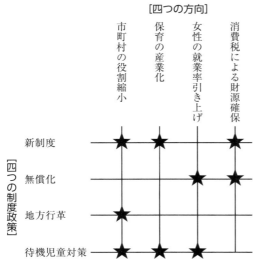

図5-1　保育制度「改革」の全体像
出所：筆者作成。

ています。

　三つ目の方向は、保育を活用した女性の就業率引き上げです。人手不足への対応が急がれていますが、子育て世代の女性の就業率上昇がその鍵の一つです。これを進めるのが無償化と待機児童対策です。

　四つ目の方向は、これらの財源を消費税率引き上げで確保することです。保育の利用者が増えますと行政の財政負担も増えます。この財政負担を一般の税から切り離し、消費税とリンクさせたことで、国民が全体で負担する構造に変えました。このレールを引いたのが新制度で、具体的な施策として動き出したのが無償化です。

　この四つの制度政策と四つの方向の関係を図示したのが**図5-1**です。★を付けたところが非常に関係が強いことを示しています。

制度「改革」の根本問題

　保育所や幼稚園が急速に変わろうとしています。しかしその方向はいまみたように市町村の役割縮小、保育の産業化、女性の就業率引き上げ、消費税による財源確保で、どのような保育、幼児教育を展開すべきか、ということが全くみられません。ここに現在進められている制度「改革」の最大の問題があります。

5章　どのような保育を展望すべきか　107

　保育所や幼稚園の改革を進めるのであれば、その方向はどのような保育や幼児教育を展開するのかをまず考え、それを実現するためにどのように制度政策に改善すべきか、という道筋にしなければなりません。

新制度で基本的な方向付け

　無償化や地方行革、待機児童対策で保育や幼児教育が大きく変わろうとしていますが、その変化の方向性は新制度で示されたものです。新制度後に出されてきたさまざまな制度政策は、新制度が進めようとした「改革」をさらに進めるものとして位置づけられています。また21頁でみましたが、政府からみて新制度では不十分であった「改革」を改めて進めるものになっています。

　無償化では認可外保育施設も対象となりますが、これによって規制緩和がさらに進みます。無償化で公立幼稚園の民営化、統廃合が進み、認定こども園化も加速すると考えられます。そして、財源は消費税率の引き上げで確保します。待機児童対策で、0歳〜2歳の産業化が加速するでしょう。

　このような制度政策が新制度で示された方向をさらに進めるのは、これらの制度政策が新制度の枠組みで動いているからです。無償化も子ども・子育て支援法の改正で実施します。

保育はどこに行くのか

　このような政府、自治体が進める方向で保育所、幼稚園を変えますと、一体どのように変貌するでしょうか。
　① 3歳児以上は認定こども園が中心
　2章でみましたが女性の就業率上昇、無償化とともに幼稚園の認定こども園化が進むと思われます。ただし、ブランド力のある幼稚園は

そのまま残るでしょう。保育所がどうなるかはわかりませんが、待機児童解消に目途がつくあたりから次の変化が起こると思われます。現在、保育を必要とする子どもの多くは保育所に通っています。しかし、事態がこのまま進めば10年以内、早ければ数年以内に、保育を必要とする子どものうち、保育所を利用する子どもが半数以下になると思います。どのような政策が出てくるかはわかりませんが、ある点を超えると加速度的に保育所が減少するかもしれません。

　3歳児以上については、認定こども園が中心になるため、職員の専門性が問われ、企業参入は規制されると思います。その代わり教育的統制が強まるでしょう。

②　0歳〜2歳は企業による小規模な事業が中心

　4章でみましたが0歳〜2歳児は小規模保育事業、企業主導型保育事業が中心的に展開されます。将来的には、これらの事業が整理されると思われますが、いずれの場合であっても運営は企業が中心です。これらの大きな問題は、保育を収益の対象とすること、保育士資格がなくても保育に従事できることです。保育所や認定こども園を利用している0歳〜2歳児がどのような位置づけになるかはわかりません。

③　直接契約になり市町村の役割は限定的

　待機児童が安定的に解消されますと認定こども園、地域型保育事業は直接契約になります。幼稚園、企業主導型保育事業はもともと直接契約です。先に書きましたが、児童福祉法第24条第1項がどうなるかはわかりませんが、公立保育所、公立幼稚園が減りますと、多くの子どもが直接契約に移行します。その段階では、市町村の関与がかなり限定的になります。市町村は、認定、0歳〜2歳児の保育料決定、地域型保育事業の基準策定など、制度の運営を主に担当することになります。

④　施設間の競争が激化

　直接契約になるため、保護者が子どもを入れたい施設、事業者を決

めます。口コミ、ネットなどの情報で良さそうな施設を探すでしょう。子どもの数が減り出すと、施設、事業者間で子どもの確保を競わなければなりません。公立保育所、公立幼稚園が減り、地域でのスタンダードがなくなりますと、他施設、事業との違いを強調することで子どもの確保を進めなければなりません。

⑤ **地域との関係は希薄化**

認定こども園の規模は大きく、300人を超えている施設もあります。そうなると地元の施設ではなく、施設の通園バスなどで自宅から離れた施設を利用することになり、地域との関係は希薄化します。小規模保育事業、企業主導型保育事業はもともとコミュニティとの関係がほとんどありません。市町村との関係が薄くなるため、コミュニティとの関係も弱くなります。

⑥ **保育者の専門性が低下**

0歳～2歳児では保育士資格なしで保育に携われるようになります。そのような事業が増えるため全体として専門性が低下します。正規職員が減り、非正規職員が増えることで技術の継承が難しくなります。競争が激しくなり、企業設置の事業が増えますと、設置者の違いを超えた職員、保護者の交流も少なくなり、自主的に学ぶ機会が減ります。

⑦ **保育条件の改善は進まず**

保育所や幼稚園の基準改善、保育士の処遇改善は急がなければなりませんが、十分な財源が確保できないためほとんど進まないでしょう。その理由は、財源を消費税に求めたためです。十分な保育予算確保のためには消費税の税率を引き上げなければならない、消費税の税率引き上げを拒むと十分な保育予算が確保できないという不毛な二者択一が強いられます。日本の経済状況、格差の拡大などを考えますと、消費税率を引き上げ続けるのは困難であり、予算が十分確保できず、保育の改善も進まないでしょう。

2 地域単位で子どもの発達を保障するイメージ

0歳～2歳児定員の抜本的な拡充が必要

新制度の枠組みで保育所、幼稚園を変えますと、今みたようになります。そのような方向性とは違う保育所、幼稚園のあり方を以下で考えます。

まずどの程度の子どもが保育所や認定こども園、幼稚園を使うかどうかを検討します。表5-1の上段は2018年4月1日時点での年齢別施設、事業利用者の割合です。合計欄をみていただくと分かりますが、3歳以上はほぼ全員がすでに何らかの施設を利用しています。今後、無償化が進むと利用率は100%近くまで上がると思われるため、3歳以上については利用率100%で想定したらいいでしょう。

0歳～2歳については他の政策との関係もあるため簡単には決められませんが、仮に女性の就業率80%を想定するのであれば、同じ程度の国が参考になります。スウェーデンの場合、2歳児は80%、1歳児は40%程度です。現状を踏まえ0歳児20%、1歳児50%、2歳児80%程度ぐらいに想定したらいいと思います。

児童数の減少を考慮すると、3歳児以上については特定地域を除く

表5-1 年齢別利用者の割合と想定

(単位：%)

2018年4月1日の現状	0歳	1歳	2歳	3歳	4歳	5歳
保育所	13.4	35.3	43.3	43.6	42.2	40.7
幼稚園	0.0	0.0	0	36.7	40.8	43.2
幼保連携型認定こども園	2.2	6.5	8.2	14.4	14.4	14.4
計	15.6	41.8	51.5	94.7	97.4	98.3
2023年4月1日の想定	20.0	50.0	80.0	100.0	100.0	100.0

出所：2018年4月1日時点の状況は、関係閣僚合意「幼児教育無償化に係る参考資料」2018年12月28日から筆者作成。

と新たな定員増は不要です。基本的には1号認定の定員を2号認定の定員に振り替えれば待機児童は発生しません。0歳〜2歳については後で述べる育児休暇を拡充させながら、定員増を重点的に進めるべきです。どの程度の整備が必要かは後で考えます。

地域に必要な施設のイメージ

保育所、幼稚園、認定こども園、小学校が、公立、私立に関係なく連携し合うためには広域では無理です。コミュニティとの関係も大切であり、原則として小学校区程度を基本として、そのエリア内に必要な子育て施設が整備され、そのエリア内に住む子どもはそのエリア内の施設を利用できるようにすべきです。このようなエリアをまちづくりでは日常生活圏と呼んでいます。定員の確保も日常生活圏単位で進めるべきです。日常生活圏の大きさですが、都市部では1小学校区は$1km^2$、人口1万人程度です。小学生以上であれば、徒歩で十分移動できる範囲です。新制度では「教育・保育提供区域」を定めますが、小学校区をこの区域にすべきです。

2017年10月1日時点で日本の総人口は1億2670万人です。0歳〜2歳児は292万人で2.3％、3歳〜5歳児は300万人で2.4％です。人口1万人当たりで考えますと0歳〜2歳児は292人、うち保育所や認定こども園などを使う子どもは先の割合で考えますと約150人です。3歳〜5歳児は300人で全員が保育所、幼稚園などを使うとします。

仮に認定こども園を基本にしますと、3歳〜5歳の各年齢が25人、2歳が20人、1歳が12人、0歳が5人で合計112人。この規模の認定こども園を4箇所、1小学校区内に設置すると、先に想定した子どもたちがすべて小学校区内の施設に通うことができます。

もちろんすべて認定こども園にする必要はありません。2箇所を認定こども園、幼稚園と保育所が1箇所ずつでもいいと思います。地域

によっては３箇所で足りるところもあるでしょう。

児童福祉法第 24 条第 1 項を基本に市町村の役割を拡充

　小学校区を基本に各種施設を整備する責任は市町村が負うべきです。小学校区内に住んでいる子どもの場合、希望すればその小学校区内の施設に通えるようにすべきです。その調整は市町村の責任です。もちろん、私立などで建学の精神を生かし、広範囲から子どもを集める施設もあるでしょう。しかしそれは例外で、私立小学校のような位置づけでいいと思います。新制度に入る施設は保育料なども一律のため、基本的には小学校区内の子どもに責任を負うようにすべきです。

　私立であっても、直接契約にするのではなく、契約等も市町村と保護者間で結び、公立、私立に関係なく一定の保育、教育水準を市町村の責任で確保すべきです。新制度内の施設、事業については児童福祉法第 24 条第 1 項に位置づけ、市町村の責任を明確にすべきです。

　研修なども法人任せにせず、市町村の責任で進めるべきです。市町村内で公立、私立間の人事交流も積極的に考えたらいいでしょう。

　公立施設は地域の教育、保育水準の基準となります。そのため、日常生活圏内に設置する施設のうち、少なくとも 1 箇所は公立として維持すべきです。

日常生活圏を基本にした各種施設、組織の連携

　日常生活圏内にある各種施設、事業は、公立、私立に関係なく日常的な連携を深めるべきです。行事などは共同で行い、定期的に合同保育を実施したらいいと思います。同一小学校区内の子どもたち、保護者が小学校入学前から人間関係を築くのは重要です。

　保育所、幼稚園、認定こども園が小学校、学童保育と連携することも大切です。小学校区内の子どもがその小学校区内の保育所、幼稚園、

認定こども園に通うのであればそれほど難しくなく連携できます。

　また、小学校区内の各種コミュニティ組織、自治連合会、老人会、PTA などとの連携も強めるべきです。日本のコミュニティ組織は小学校区単位で形成される場合が多くなっています。子どもたちが小学校区内の施設に通う場合、組織的な連携がスムーズに進みます。地域によっては商店街振興組合、農家、各種高齢者施設などとの連携も考えられます。

小規模保育事業 A 型の活用

　地域型保育事業は全体として規制緩和型で、とくに問題なのは保育士資格がなくても保育に従事できる点です。しかし、小規模保育事業 A 型は保育者全員に保育士資格が義務づけられています。2 号認定の定員は確保できているが、3 号認定の定員確保ができていない場合は、小規模保育事業 A 型の活用も考えたらいいでしょう。ただし 101 頁で書いた視点を踏まえることが重要です。

3　保育士資格要件の必修化と基準の統一

規制緩和の焦点は保育士資格の有無

　新制度の下で規制緩和が進み、無償化、待機児童対策でそれに拍車がかかりそうです。その規制緩和の焦点は保育者に保育士資格を義務づけるかどうかです。新制度で始まった地域型保育事業でその義務づけを外し、国費が投入される事業であるにもかかわらず、保育士資格なしで保育に従事できるようにしました。その後始まった企業主導型保育事業でも義務づけを外しました。

　無償化では、認可外保育施設にも国費が投入されますが、これについても保育士資格がなくても保育に従事できます。無償化では 2 号認

定の子どもが幼稚園の預かり保育を受けた場合、それも無償化の対象になりますが、この保育についても保育士資格なしで担当できます。

資格要件が緩和されているのは、０歳〜２歳の保育、３歳以上では認可外の施設が実施する保育、標準時間を越える預かり部分の保育です。２号認定の子どもにとっては預かり保育ではありませんが、位置づけとしては預かり保育になります。幼稚園、保育所、認定こども園で実施される標準時間内の教育、保育については資格をもっていなければ従事できませんが、それ以外では資格なしで保育に従事できるように規制緩和が進んでいます。

これらで資格要件を緩和しているのは、資格がなくても大丈夫という考え方と人件費を増やさずに保育者を確保するためです。

親には資格がないといいますが、自分の子どもを育てる親と保育士は全く異なります。保育士は多くの子どもを集団の中で、各々の発達段階に応じた成長を保障しなければならず、それに必要な専門的知識、技能が必要な専門職です。短期間の研修で身につくようなものではありません。

保育所と比べ認可外保育施設では重大な事故が頻発していますが、このような事故を防ぐためにも保育士資格は大切です。

新制度の下で保育士資格がなくても保育に従事できる範囲が広がっていますが、この流れが続くと認定こども園、保育所で行われている０歳〜２歳児の保育にも同じ考え方がいずれ適用されるでしょう。この流れを断ち切り、新制度以前の状態、保育に従事する保育者には保育士資格を必修とすることが重要です。

基準の統一

いまみたように資格要件については保育士資格が必修になっているかどうかで大きく二つに分かれます。一方、小規模保育事業、企業主

導型保育事業については、資格要件を除くと保育者の配置基準、面積基準などは基本的には保育所に準じていました。ところが無償化で認可外保育施設が対象となったため、面積等の基準についても保育所と異なっています。

また新制度の下で始まった小規模保育事業A、B、Cは資格要件が各々異なります。認定こども園も、幼稚園型認定こども園は保育所の基準を満たさず、保育所型認定こども園は幼稚園の基準を満たさず、地方裁量型認定こども園は両方の基準を満たしていません。

同じ子どもであるにもかかわらず異なった基準で保育を受けるのは公平性に反します。このようなことを続けるといずれ低い方に合わせるようになるでしょう。新制度の下で錯綜している複数の基準について、5年程度の期間を決め、統一すべきです。

4　消費税以外での財源確保と子どもの視点に立った施策の優先順位

消費税での財源確保は子育て支援に逆行

日本の保育所、幼稚園、そして子育て支援については充実させなければならない点が、それこそ山のようにあります。無償化もその一つですが、今回の最大の問題は2章で書きましたように、財源を消費税にしていることです。消費税は逆累進性の高い税金であり、子育て支援の財源には最もふさわしくありません。消費税の税率引き上げは子育て世帯の生活と地域経済を直撃するため、子育て支援に逆行します。そのため、消費税以外で財源を確保して保育所や幼稚園などの充実を図るべきです。

ただし財源は限られています。今回の無償化のような使い方ではなく、優先順位をきちんと考えるべきです。分野的には待機児童の解消、

認可外保育施設の認可化と基準の統一、保育士の処遇改善、保護者の負担軽減、地方における保育予算確保に分かれます。

最優先課題①、0歳〜2歳の定員拡大

　まず優先順位が高いのは、0歳〜2歳児の定員拡充です。4章で述べましたが、質を犠牲にした量の確保ではだめです。認定こども園、保育所、場合によっては小規模保育事業A型で定員の拡大を進めるべきです。

　これにめどがつけば次に弾力化の是正を行うべきです。保育所では待機児童の解消を進めるため、認可定員を越えて子どもを受け入れることが常態化しています。これを弾力化といいますが、ひどいところでは認可定員の25%を超えています。弾力化によって子どもを受け入れる場合でも、最低基準は満たさなければなりません。そのためホールなどを保育室の面積にカウントし、受け入れ定員を増やしています。施設は認可定員を前提として設計されています。ホールはホールとして利用すべきですし、トイレの数なども認可定員で設計されています。最低基準は満たしているものの、保育環境としては劣悪であり、改善が急がれます。

　弾力化の解消にめどが立てば、次は最低基準そのものの引き上げを行うべきです。現在、都道府県等が保育所の基準を条例で定めていますが、この基本となる厚生労働省令、幼稚園の設置基準を定めた文部科学省令を改善すべきです。日本の基準の多くは戦後すぐに作られたものです。日本の経済力から見ると低すぎます。経済力に見合った、そしてヨーロッパの基準と比べてもそん色のない基準に改善すべきです。

最優先課題②、認可外保育施設の認可化と基準の統一

　無償化によって認可外保育施設にも国費が投入されます。保育所に

入れないため認可外保育施設を使う場合があり、無償化の対象にすること自体は否定できません。しかし認可外保育施設は基準を満たしていない施設であり、そのような施設を永続的に無償化の対象にするのは止めるべきです。無償化では、指導監督基準を満たしていない施設について、5年間の猶予期間を設けています。しかし猶予期間は、指導監督基準を満たしていない施設ではなく、すべての認可外保育施設に適用し、5年以内に認可化を図る予算措置をとるべきです。基準を満たしていない施設の存在そのものが問題です。これは重大事故の発生率が高い施設を改善するためにも重要なことで、子どもの命に関わり、優先度の高い施策です。

　幼稚園型認定こども園、保育所型認定こども園、地方裁量型認定こども園も基準を満たしていない施設です。認可外保育施設と同じようにあり、5年の猶予期間を設け、その期間内に幼保連携型認定こども園などに改善すべきで、そのための予算措置が必要です。同じように実質的な2号認定の子どもを受け入れる幼稚園は認定こども園に変わるべきです。

　また先に書いたように新制度の下でさまざまな基準が錯綜しています。とくに重要なのはすべての保育者に保育士資格を義務づけることが重要です。5年間の猶予期間を設け、保育士資格のない保育者は大学の通信講座などを使って保育士資格が取れるように、積極的な支援措置を設けるべきです。そして5年後にはすべての施設、事業で保育に携わる人には保育士資格が必要なように制度を改善すべきです。

　これらが実現できれば錯綜した施設、事業を簡潔化できます。認定こども園は幼保連携型認定こども園に、小規模保育事業はA型に一本化したらいいでしょう。

最優先課題③、保育士の処遇改善

　保育士の処遇改善も優先度の高い施策です。0歳〜2歳の定員拡大のために施設改修等を行っても、肝心の保育士が雇用できなければ定員拡大が進みません。2018年の職種別賃金をみますと、全体が30万6200円に対し、保育士は23万2600円で76%です。他の国家資格では、薬剤師34万7100円、看護師29万8300円、ケアマネージャー25万7600円となっており、保育士は低くなっています。

　保育士は子どもの命を預かる仕事であり、専門性の高い職種です。それにふさわしい賃金を保障しなければ、職員の確保が難しいでしょう。量を確保するために、質を薄めるような方法は避けるべきです。

　また、保育士の処遇改善は基本的に国の責任で進めなければなりません。待機児童解消を進めるため、市町村の予算で保育士の処遇改善を進めている自治体があります。このような自治体を批判しませんが、このような方法では財政力のある自治体、つまり首都圏の自治体や大都市の自治体の方が処遇改善を進めやすくなります。そうすると地方や周辺部の自治体は保育士確保が難しくなり、102頁で述べた保育環境の地域間格差がますます広がります。

最優先課題④、保護者の負担軽減

　日本は先進国の中でも子育てにかかる個人負担の多い国です。子育てにお金がかかることが少子化の大きな原因であり、またお金を捻出できる家庭とそうでない家庭で子どもの格差が拡大しています。そのようなことを考えますと子育てにかかわる個人負担の軽減は緊急の課題です。しかし今回の無償化のように女性の就業率を高めることが目的ですと、3歳〜5歳児の無償化にほぼすべての財源をつぎ込むことになります。これは目的がおかしいからです。

　保育料は所得が多いほど高くなるという応能負担の原則が適用され

ています。子育て支援という視点から考えますと、今回の無償化のように高額所得者の保育料まで無料にする緊急性はありません。保護者の負担軽減は重要ですが、どのような負担軽減が急がれるのかを慎重に検討すべきです。

最優先課題⑤、地方における保育予算確保

　102頁で書きましたが、地方では「子どもの減少→保育所の統廃合→子育てしにくい地域→若者の転出→子どもの減少」という悪循環にはまっています。この悪循環を断たない限り、地方の衰退は止まりません。保育所予算は基本的に子どもの数で決まるため、地方では保育所予算の大幅な削減が不可避です。この仕組みを至急改め、子どもが減っても保育所等の統廃合は最小限にし、家の近くで子育てできる環境を維持できるようにしなければなりません。

子育て全体を通じた効率的な予算が重要

　以上は保育にかかわる分野です。他にも緊急性の高い分野があります。学童保育では利用希望者が増え、学童保育の待機児童が発生しています。子どもの健全な発達、子どもの格差拡大を考えますと、すべての子どもに豊かな放課後を保障することは極めて緊急度の高い課題です。また食事を十分とることができない子ども、必要な医療を受けていない子ども、授業料が高すぎて大学進学を断念する高校生、大学卒業と同時に莫大な奨学金返済を迫られる若者など、予算的に解決が急がれる課題が目白押しです。

　限られた財源の使い道を科学的に検討すべきです。そしてこれら緊急性の高い施策については行程表をきちんと作り、年度ごとの予算措置を明確にすべきです。

5 認定こども園のあり方

認定こども園が抱える固有の問題

　1章でみましたが、新制度がスタートし認定こども園が急増しています。2章でみましたが、無償化がスタートすると認定こども園がさらに増えると思われます。保護者の状況に関係なく、子どもが同じ施設を利用できるのは望ましいといえます。しかし、認定こども園には看過できない問題があります。1章でみたように児童福祉法第24条第2項に位置づけられているという制度上の問題もありますが、認定こども園がもつ固有の問題もあります。それは滞在時間の異なる子どもが同一施設で過ごしているという問題です。

　1号認定の子どもは4時間が標準で、2号認定の子どもは11時間過ごす子どももいます。1号認定の子どもと2号認定の子どもを分けている施設もありますが、それではせっかく同じ施設に通っている意味がありません。

　多くの施設では、午前中は1号認定の子どもと2号認定の子どもを分けずにクラス編成しています。午後になると1号認定の子どもが自宅に帰るため、午後は2号認定の子どもだけでクラスを作っています。この場合、午後のカリキュラムを組むのが難しくなります。保育所では午前から午後まで一貫したカリキュラムを組みますが、認定こども園の場合、午後に設定保育を入れるのが困難です。午後に設定保育を入れると1号認定の子どもが受けられないからです。そのため認定こども園では、午前のカリキュラムが過密になり、午後は散歩、自由遊びなどになりがちです。同じことは夏休みなどの長期休暇中にも当てはまります。

5章　どのような保育を展望すべきか　*121*

保育の必要性をどう判断すべきか

　保育を必要とするかどうかの判断は、基本的には保護者の状況によります。保護者が就労、就学、病気などで、家庭で保育できない場合、保育を必要としていると判断され、保育所を使います。それに対して保護者が自宅にいる場合、保護者の下で休んだり、近所の子どもたちと遊んだりすることができるため、保育を必要と判断されません。

　保育所を利用する子どもが少ない時代はこれでよかったと思います。幼稚園が終わって家に帰っても、遊ぶ子どもが近所にたくさんいたからです。しかし、子どもの数が減り、保育を必要とする子どもが増えますと、いったん家に帰ると、遊ぶ子どもが近所にいません。その結果、1号認定の子どもが認定こども園から家に帰ると、後は家でテレビを見る、習い事に行くなどしかできません。保護者の下で近所の子どもと遊ぶということが難しくなっています。これは子どもにとって望ましい環境ではありません。保護者が家にいる場合、保護者の下で近所の子どもと遊べるという前提でしたが、その前提が失われています。とくに幼稚園が減り、認定こども園が増えている地域ではその傾向が顕著です。

　保育が必要かどうかは、保護者の状態だけで判断するのではなく、家に帰ったら十分な集団遊びが保障できない場合、保育が必要と判断すべきです。認定こども園が増えるということは、1号認定の子どもが地域で減っていることを意味します。そのため、認定こども園では1号

表5-2　施設別利用定員
（1箇所あたり、単位：人）

		定員
保育所		97
	公立	100
	私立	95
幼稚園		180
	公立	118
	私立	215
幼保連携型認定こども園		144
	公立	141
	私立	145

注：1　幼稚園、幼保連携型認定こども園は2018年5月1日時点、保育所は2017年10月1日時点。
　　2　幼稚園には幼稚園型認定こども園を含む。
出所：文部科学省「学校基本調査」、厚生労働省「社会福祉施設等調査」から筆者作成。

表5-3　幼保連携型認定こども園の規模

	50 人以下	51～100	101～150	151～200	201～300	301～400	401～500
箇所数	948	2,029	792	419	265	54	12
割合(%)	21.0	44.9	17.5	9.3	5.9	1.2	0.3

注：2018 年 5 月 1 日時点。
出所：文部科学省「学校基本調査」から筆者作成。

認定の子どもでも標準的な保育時間を 7 時間程度にしたらいいと思います。そうすることで認定こども園にいる時間を延ばし、子どもたちに十分な集団遊びの時間を保障すべきです。保育が必要かどうかを保護者の状況だけで判断せず、地域の状況も含めて判断すべきです。

　そうしますと 1 号認定の子どもは 9 時から 16 時ごろまで認定こども園で過ごすことになり、2 号認定の子どもとかなり時間が重複します。その結果、先に書いたような問題はほぼ解消します。また夏休みなども同じです。

　もちろん標準を 7 時間にするのであり、強制ではありません。認定こども園のカリキュラムは 7 時間を基本としつつ、保護者の判断も尊重したらいいでしょう。標準的な保育時間は保護者の状態と地域の状態で判断し、幼稚園は 4 時間、認定こども園は 7 時間もしくは 11 時間、保育所は 11 時間にしたらいいと思います。

施設の大規模化に歯止めをかけるべき

　保育所、幼稚園、幼保連携型認定こども園の定員を見たのが**表5-2**です。保育所は 97 人、幼稚園は 180 人、認定こども園はその中間ぐらいで 144 人です。ただし、幼稚園の定員充足率は低いため、実際に利用している子ども数は幼保連携型認定こども園が一番多くなります。

　幼保連携型認定こども園の規模を見たのが**表5-3**です。100 人以下が約 3 分の 2 を占めますが、201 人～300 人が 265 箇所、301 人～400

	501 以上	計
	2	4,521
	0.0	100.0

人も 54 箇所存在しています。

保育所、幼稚園、認定こども園には最低基準があります。しかし最低基準で決めているのは、1 クラスの上限、一人の保育士が担当できる上限です。施設全体の上限は定めていないため、クラス数を増やすか、保育士数を増やせば、施設全体の定員を際限なく増やすことができます。

一人の教員や保育士が担当できる子ども数の上限を定めることは重要です。同時に施設全体の規模にも歯止めをかけるべきです。認定こども園は子どもが長時間過ごす施設です。子ども同士、子どもと職員の人間関係が非常に大切です。100 人ぐらいまでであれば、子ども同士が人間関係を築くことができます。また、職員も担当クラス以外の子ども、子どもの保護者を認識できます。それが 150 人を超えると難しくなり、200 人以上ではほぼ困難になります。

広範囲から子どもを集めようとすると施設規模が拡大します。小学校区内の子どもを基本にすれば、大規模な施設は不要です。むしろ小規模な施設の方がスペース的に開設しやすいといえます。

今後、認定こども園が増えると思われますが、原則として施設規模は 100 人前後、最大でも 150 人程度を目安とすべきです。

6 職員、保護者の自主性を尊重

保育所、幼稚園は子どもが育つ場所ですが、保護者、職員の成長も保障しなければなりません。そのためには保護者、職員の自主性が重要です。行政の責任を強めることと、職員や保護者の自主性を軽視することは全く別です。

子どもを産めば親になりますが、本能だけで子どもを育てるのは無

理です。かつては自分が親になる前に多くの子どもと触れ合ったりしていましたが、今は最初に接する子どもが自分の子どもという親が少なくありません。以前であれば近所にたくさんの子どもがいましたが、今では少数です。自然に任せていても、親に必要な知識や経験を習得するのは困難です。そのため、親にも必要なことを学べる機会を保障しなければなりません。保育所、幼稚園、認定こども園は保護者が親としての知識、経験を積む非常に重要な場所です。これらの施設では保護者が学べるような視点が大切です。

　ただし、施設から学ぶだけではありません。保護者会、PTAも重要です。同じような立場にある保護者同士が議論し、相談しあえるような関係作りも重要です。

　職員の成長も重要です。職員がさまざまなことを学び、経験し、専門性を高められるようにすべきです。そのためには職員の自主性が尊重されなければなりません。

　施設を越えた保護者、職員の交流も大切です。小学校区内の各種施設、市町村内の各種施設とは日常的に交流の機会を設けるべきです。また、全国レベルでの交流もあります。職員や保護者がそのような交流に参加できるような環境も大切です。

7　女性の就労と育児を両立させる視点

　最後に女性の就労と育児の両立について考えます。女性の就労と育児の両立は少子化対策を進めるうえで重要ですが、今回の無償化は、子どもが3歳になればお母さんが働きに出るような制度設計をしているところに問題があります。重要なのは、保護者の意向に沿ってさまざまな両立が保障されること、保護者がどのような内容を選択しても子どもの発達が保障されることです。

5章　どのような保育を展望すべきか　*125*

　産休明けから働くことを選択した保護者と子どもには、規制緩和型の小規模保育事業や企業主導型保育事業ではなく、適切な保育環境が提供されるべきです。2歳までは家庭で育てることを選択した保護者には、有給の育児休暇制度が必要です。今回の無償化では育児休暇の拡充は全く検討されていませんが、それは拡充すると女性の就業率が下がるからです。

　パートタイムではなく正規職員での継続を希望する女性に対しては、子どもが小さい間は正規職員であっても就業時間を短縮するような措置が必要です。ヨーロッパでは6時間労働の正規職員がいます。子どもが小さい間は労働時間を6時間に短縮し、子どもが大きくなれば8時間に戻します。6時間であっても正規職員であり、キャリアは継続されます。もちろん勤務時間が短いため給与は減りますが、基本的には8分の6に減るだけです。

　女性の就労と育児を両立させるためには、さまざまな価値観を実現させる多様な制度が必要であり、特定の価値観に基づいた就業率引き上げ措置は問題です。

参考文献

1　本章で使用した統計は次の通り。
　　総務省統計局「人口推計（平成29年10月1日）」、文部科学省「学校基本調査（平成30年度）」、厚生労働省「社会福祉施設等調査（平成29年）」、「賃金構造基本統計調査（平成30年）」、関係閣僚合意「幼児教育の無償化に係る参考資料」2018年12月。

2　保護者の個人負担については以下の文献が参考になる。
　　田中智子・丸山啓史・森田洋編著『隠れ保育料を考える』かもがわ出版、2018年8月。

おわりに

　「無償化は不十分である」、「待機児童対策は本気でやる気がない」という評価を耳にします。確かにそのような点もあります。しかしそれは本質ではありません。新制度、無償化、待機児童対策、統廃合などの根本的な問題点は、それらの目的が経済対策や女性の就業率引き上げ、地方行革などにあることです。本来、保育や幼児教育に関する制度を変える場合、保育や幼児教育をどう充実させるのかということが目的でなければなりません。ところが現状では、保育所や幼稚園が本来の目的とは異なる目的で変えられています。ここに保育制度改革をめぐる最大の問題があります。

　無償化、待機児童対策は重要なことであり、そのこと自体は積極的に進めるべきです。しかし、政府が提案している無償化、待機児童対策は、保育を充実させ、子育てを適切に支援するために進めているものではありません。そこからさまざまな問題は生じています。それらの問題を改善するためには、部分的な手直しでは困難であり、現在提案されている無償化、待機児童対策はいったん撤回し、議論し直すべきです。

　また、これらの問題はバラバラに動いているようですが、一つの方向に収斂されています。それは新制度で引いた、もしくは引こうとしたレールです。現在提案されている無償化や待機児童対策、統廃合は新制度をさらに進めるものとしてとらえる必要があります。

　無償化に対して、保育関係者がどのように対応するかは非常に重要です。無償化の財源は消費税率の引き上げで確保します。もし保育関係者がこれを大枠で「了」と判断すると、保育関係者と国民の分断につながります。また、限られた予算を子育て、高齢者、障害者で取り

合うという事態になります。

　今まで保育の充実は保育関係者にとどまらず、広く国民の運動、世論によって切り開いてきました。保育の充実に必要な財源を消費税に求めると、運動、世論で財源を増やすことが難しくなります。その結果、十分な財源が確保できず、保育に関する諸条件の改善も進まなくなります。新制度で保育充実の予算を消費税率の引き上げで確保するとなりました。その具体化が無償化です。無償化や待機児童解消という甘言に騙されず、広く国民とともに保育の抜本的な改善を展望したいものです。

　新制度に替わる保育の抜本的な展望は日常生活圏を単位とした整備、改善だと思います。そのイメージを本章の最後に書きました。

　保育制度の改革は錯綜しており複雑です。しかしその本質を理解すれば錯綜している状況を解きほぐすことができ、本来あるべき姿を展望することにつながります。本書がその一助になれば幸いです。

　本書は自治体研究社にお願いしました。ご担当いただいたのは寺山浩司さんです。毎回、無理なお願いを聞いていただきありがとうございます。最後になりましたが、感謝します。

2019 年 5 月

中山　徹

著者紹介

中山　徹（なかやま・とおる）
1959 年大阪生まれ、京都大学大学院博士課程修了、工学博士。
現在、奈良女子大学生活環境学部教授。自治体問題研究所副理事長、㈳大阪自治体問題研究所理事長。
専門は、都市計画学、自治体政策学。

主な著書
『大阪の緑を考える』東方出版、1994 年
『検証・大阪のプロジェクト』東方出版、1995 年
『行政の不良資産』自治体研究社、1996 年
『公共事業依存国家』自治体研究社、1998 年
『地域経済は再生できるか』新日本出版社、1999 年
『公共事業改革の基本方向』新日本出版社、2001 年
『地域社会と経済の再生』新日本出版社、2004 年
『子育て支援システムと保育所・幼稚園・学童保育』かもがわ出版、2005 年
『人口減少時代のまちづくり』自治体研究社、2010 年
『よくわかる子ども・子育て新システム』かもがわ出版、2010 年
『人口減少と地域の再編』自治体研究社、2016 年
『人口減少と公共施設の展望』自治体研究社、2017 年
『人口減少と大規模開発』自治体研究社、2017 年
『人口減少時代の自治体政策』自治体研究社、2018 年

だれのための保育制度改革
──無償化・待機児童解消の真実

2019 年 5 月 25 日　　初版第 1 刷発行

著　者　中山　徹

発行者　長平　弘

発行所　㈱自治体研究社
〒162-8512 新宿区矢来町 123　矢来ビル 4 F
TEL：03・3235・5941／FAX：03・3235・5933
http://www.jichiken.jp/
E-Mail：info@jichiken.jp

ISBN978-4-88037-695-0 C0036

印刷・製本／中央精版印刷株式会社
DTP／赤塚　修

自治体研究社 ────────────────

人口減少時代の自治体政策
──市民共同自治体への展望

中山　徹著　　定価（本体 1200 円＋税）

人口減少に歯止めがかからず、東京一極集中はさらに進む。「市民共同自治体」を提唱し、地域再編に市民のニーズを活かす方法を模索する。

人口減少と公共施設の展望
──「公共施設等総合管理計画」への対応

中山　徹著　　定価（本体 1100 円＋税）

民意に反した公共施設の統廃合や民営化が急速に推し進められている。地域のまとまり、まちづくりに重点を置いた公共施設のあり方を考察。

人口減少と地域の再編
──地方創生・連携中枢都市圏・コンパクトシティ

中山　徹著　　定価（本体 1350 円＋税）

地方創生政策の下、47 都道府県が策定した人口ビジョンと総合戦略を分析し、地域再編のキーワードであるコンパクトとネットワークを検証。

人口減少と大規模開発
──コンパクトとインバウンドの暴走

中山　徹著　　定価（本体 1200 円＋税）

各地に大規模開発計画が乱立している。この現状をつぶさに分析して、人口減少時代の市民のためのまちづくりとは何かを多角的に考察する。

「自治体戦略 2040 構想」と自治体

白藤博行・岡田知弘・平岡和久著　　定価（本体 1000 円＋税）

「自治体戦略 2040 構想」研究会の報告書を読み解き、基礎自治体の枠組みを壊し、地方自治を骨抜きにするさまざまな問題点を明らかにする。